高等职业教育经管类专业平台课精品教材
“互联网+”新形态立体化教学资源特色教材

基础会计技能实训

主　编　陈晓丹　祁　琼
副主编　何立华　郑晓伶　马　慧

中国轻工业出版社

图书在版编目（CIP）数据

基础会计技能实训 / 陈晓丹，祁琼主编．-- 北京：中国轻工业出版社，2024.10．--（高等职业教育经管类专业平台课精品教材）（“互联网+”新形态立体化教学资源特色教材）．--ISBN 978-7-5184-5098-5

Ⅰ. F230

中国国家版本馆CIP数据核字第20246TC653号

责任编辑：李金慧　　责任终审：李建华　　设计制作：锋尚设计
策划编辑：张文佳　李金慧　　责任校对：晋　洁　　责任监印：张　可

出版发行：中国轻工业出版社（北京鲁谷东街5号，邮编：100040）
印　　刷：三河市国英印务有限公司
经　　销：各地新华书店
版　　次：2024年10月第1版第1次印刷
开　　本：787×1092　1/16　印张：7.25
字　　数：300千字
书　　号：ISBN 978-7-5184-5098-5　定价：36.00元
邮购电话：010-85119873
发行电话：010-85119832　010-85119912
网　　址：http://www.chlip.com.cn
Email：club@chlip.com.cn

240702J2X101ZBW

前 言

本书采用“项目—实训任务”的体例编写，包括实训设计、分项实训和综合实训三大部分：实训设计介绍了实训的目的、内容、安排及考核内容，并给出了实训模拟企业相关资料；分项实训包括会计书写实训、会计凭证填制与审核实训、会计账簿登记实训、财产清查实训和会计报表编制实训五部分内容；综合实训为模拟企业会计账务处理的全过程实训。

本书按照“项目导向，任务驱动”的教学思路，以同一家工业企业的业务发展为主线，逐步推进，设计企业日常经济业务，具有以下特色。

1. 思政引领，体现“德技并修”

将思政元素有机融入教材，主要体现在“德技并修”栏目中，反映了职业教育课程育人的核心理念，以其为导向实施课程，培养新时代高技能人才。

2. 内容与时俱进，操作性强

本书依据最新财税法规编写，紧跟会计实务发展，书中的经济业务设置、工作流程以及账、证、表资料都依据真实的企业模拟编写，充分满足应用型院校会计专业及其他相关专业基础会计实训课程的需要。

3. 配套资源丰富，结构完整

本教材配套录制了微课，实训操作指南内容详细、过程具体，指导性强。同时还融入实训指导、实训考核、实训总结等诸多元素，并附有详细的答案解析，内容丰富完整。

本书由湖南生物机电职业技术学院陈晓丹、湖南工业职业技术学院祁琼担任主编，湖南生物机电职业技术学院何立华、郑晓伶、马慧担任副主编。具体分工如下：陈晓丹负责教材的实训设计，何立华、郑晓伶、马慧担任分项实训的编写，陈晓丹、祁琼负责综合实训的编写，陈晓丹负责总纂、修改、定稿。

本书可作为大数据与会计专业的专业基础课“基础会计”对应实训课“基础会计技能实训”的配套教材，也可作为会计入门者的实训指导书。

在教材的编写过程中，编写组成员就编写大纲和教材内容进行了广泛深入的讨论，同时也借鉴了相关教材和资料的内容，在此向相关作者表示衷心的感谢！由于编者水平有限，书中难免存在不足之处，恳请读者批评指正，谢谢！

编者

目　录

第一部分

基础会计技能实训设计

项目一

基础会计技能实训概述

“基础会计技能实训”是与“基础会计”课程相配套的会计实训课程，是大数据与会计专业实训教学系统的重要组成部分，是进行会计案例教学的重要形式和学习会计基本技能的重要途径。通过实训，既可以强化对基础会计理论的理解和认识，又能看到会计核算基本原理与方法在实务中的具体运用，同时增加感性认识，了解和掌握实际工作中的经济业务知识，提高职业判断能力，还有助于培养细致耐心的职业素养和认真严谨的工作作风。

一、实训目的

“基础会计技能实训”是一门实践性和系统性较强的课程，要求掌握会计核算的各种基本原理和基本方法，掌握会计核算的基本程序、会计工作基础操作规范和各种实际操作技能，进而理解会计是一个信息系统。培养认识证、账、表的能力，具备对会计主体经济活动的初步分析判断能力，加深对会计核算的基本程序和实际工作内容与性质的认识，为进一步学习会计的其他专业课程奠定基础。

二、实训内容和安排

基础会计技能实训内容包括单项实训和综合实训两部分。

1. 单项实训

内容与《基础会计》教材结合设计，按会计核算的顺序编排，包括会计书写实训、会计凭证填制与审核实训、会计账簿登记实训、财产清查实训和会计报表编制实训。

单项实训在讲授理论课内容时穿插于其中进行，实现“教、学、做”合一。

2. 综合实训

在各单项实训的基础上，将各单项实训的内容综合应用，把所学的基础会计知识连贯融合。它是处理模拟企业一个会计分期（月度）的会计业务全过程的操作实训。

综合实训参考学时为一周 28 学时，建议安排在基础会计理论课程学习后，使学生加深理解巩固会计基本原理和核算流程。

三、实训考核

“基础会计技能实训”考核包括实训态度、实训纪律、实训作品（包含正确性、及时性和规范性）和实训总结等内容，具体如下。

1. 实训态度

要求实训认真、服从老师统一安排，独立完成相关实训。

2. 实训纪律

要求不迟到、不早退、不无故旷课，遵守实训秩序。

3. 实训作品

从正确性、及时性、规范性等方面进行考核。

（1）正确性。项目填写完整、数字准确。

（2）及时性。根据实训时间安排，及时完成实训任务。

（3）规范性。书写整齐、清楚、规范，不乱涂乱改。

4. 实训总结

要求总结全面、深刻、字迹工整。

具体考核内容与评分详见各子实训。

项目二 实训模拟企业相关资料

一、公司基本信息

公司名称：长沙中兴有限公司

公司地址：长沙市芙蓉区远大一路 96 号

公司电话：0731-84846158

法定代表人：杨云天

统一社会信用代码：914301113294757496

基本存款账户及账号：中国工商银行长沙远大路支行 1102021357924680000

二、公司组织架构

长沙中兴有限公司组织架构如图 1 所示。

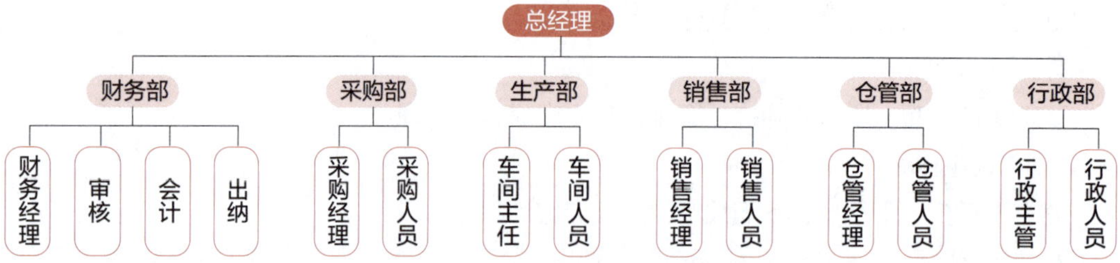

图 1 长沙中兴有限公司组织架构图

三、公司人员信息

长沙中兴有限公司人员信息如表 1-1 所示。

表 1-1 长沙中兴有限公司人员信息一览表

部门	岗位	姓名
总经办	总经理	杨云天
财务部	财务经理	李宽
	审核	向华
	会计	赵玲
	出纳	唐华
生产部	车间主任	张亮
	车间人员	李明、黎佳
仓管部	仓管经理	张鑫
	仓管人员	李浩
采购部	采购经理	陈斌
	采购人员	张大
销售部	销售经理	邹宇
	销售人员	吴清
行政部	行政主管	张连勇
	行政人员	王宁

四、公司生产情况

长沙中兴有限公司生产 ST 和 TM 两种产品，主要原材料有 AKD 和 BYS 等。

五、公司会计核算制度

（1）公司会计年度自公历 1 月 1 日起至 12 月 31 日止。

（2）公司会计核算以人民币为记账本位币。

（3）公司根据《企业会计准则》要求设置一级会计科目，在不影响对外报送报表和会计核算的前提下，根据实际情况自行设置和使用二三级会计科目。

（4）公司以实际发生的经济业务为依据进行会计处理，会计指标口径一致，相互可比，会计处理方法前后一致。

（5）公司记账凭证采用通用记账凭证。记账凭证编制要由相关责任人签章。

（6）公司为增值税一般纳税人，适用增值税率 13%，所得税率 25%。

（7）产成品的收发按实际成本计价核算，发出产成品的实际单位成本按全月一次加权平均法计算。

（8）固定资产采用平均年限法计提折旧，和税法规定的折旧方法一致，房屋及建筑物月折旧率为 0.2%，机器设备月折旧率为 0.5%，每月计提折旧。

（9）短期借款利息采用按月计提，到期支付的核算方法，做财务费用处理。

（10）费用审批制度。公司工作人员借款与费用报销严格执行公司审批制度，具体规定如下：

① 借款制度。每笔款项的借支与报销都需财务经理李宽审核，超过 5 000 元的还需总经理杨云天审批。

② 差旅费报销制度。差旅费是指公司工作人员到所在市城区以外地区公务出差所发生的费用，其开支范围包括城市间交通费、住宿费、伙食补助费和市内交通费。

- 城市间交通费是指公司工作人员因公到所在市城区以外地区出差所乘火车、轮船、飞机等交通工具所发生的费用。部门经理及总经理可乘坐轮船二等舱、飞机商务舱、高铁一等座、动车一等座。其他工作人员只可乘坐轮船三等舱、飞机经济舱、高铁二等座、动车二等座。未按规定乘坐交通工具的，超出部分由个人自理。
- 住宿费是指工作人员因公出差期间入住宾馆发生的房租费用。去往北京、上海、广州和深圳的：部门经理及总经理每间每天不超过 800 元，其他工作人员每间每天不超过 600 元；其他城市：部门经理及总经理每间每天不超过 600 元，其他工作人员每间每天不超过 400 元。超出部分由个人自理。
- 伙食补助费是指公司工作人员因公出差期间的就餐费用。每人每天不超过 100 元，出差人员应当自行用餐，凡由接待单位统一安排就餐的，不予报销。
- 市内交通费是指公司工作人员因公出差期间搭车、地铁、公交的费用。每人每天不超过 50 元。

第二部分

基础会计技能分项实训

项目一 会计书写实训

项目背景

在会计核算过程中，从填制会计凭证、登记会计账簿到编制会计报表等各个环节，都必须利用文字和数字加以反映和说明，必须采用正确和熟练的计算技术以及清晰和规范的书写技术。虽然目前已普遍实行了会计电算化，进入了大数据时代，但手工操作仍是会计核算与管理的基础。财务书写是否规范，将直接影响会计资料的可靠性和有用性，影响会计工作的质量。财务书写就如同一面镜子，反映着会计工作质量的高低。

项目内容

本项目共设置了四个实训，分别介绍了阿拉伯数字书写、汉字大写数字书写、大小写金额书写和票据日期大写书写等技能，要求掌握各种会计书写技能。

德技并修

会计书写是衡量会计人员素质的一项标准。财务书写规范、账目清晰是高素质会计人员的体现。要成为一名合格的会计人员，就要提高自己的书写技术，做到数字准确、账目清楚，书写如其人、记账如其人。

实训一 阿拉伯数字书写实训

项目知识

一、阿拉伯数字书写基本要求

1. 顺序书写

书写数码字时，笔画顺序应该自上而下、先左后右，防止写倒笔字。

阿拉伯数字和汉字大写数字的书写

2. 倾斜书写

书写数码字时一般要求数码字上端向右倾斜，以60度左右的水平倾斜角为宜。一组数码字的书写，应保持各个数码字的倾斜角度一致，自然美观。

3. 字位适当

会计核算中，数码字的书写范围通常被限定在格子中间，因此要选择适当的位置。

（1）高度适当。数码字的高度一般要求占全格子的1/2为宜，还要注意紧靠横格底线书写，不得写满格，使上方留出一定空位，以便需要进行更正时可以再次书写。

（2）左右适当。要求每个数字的中部大体位于格距的1/2的两条对角线焦点上，不宜过于靠左或者靠右。

（3）间距适当。每个数码字要求大小一致，排列应保持相等距离，上下左右要对齐。

二、单个阿拉伯数字书写标准

阿拉伯数字，即数码字是世界各国通用的数字，数量有10个：1、2、3、4、5、6、7、8、9、0，笔画简单、书写方便、应用广泛，必须规范书写行为，符合手写体的要求，其标准写法如图2所示。

图2　阿拉伯数字书写

注意：

“1”字不能比其他数字短，且应写在中间位置，以免篡改；

“2”字不能写成“z”，落笔应紧贴底线，否则易被改成“3”；

“3”字要使起笔处到转弯处距离稍长，不应太短，同时转弯处要光滑，避免误认为5；

“4”字要写成死折，使其不易改作“6”；

“5”字的短横与“称钩”必须明显，以防与“8”混淆；

“6”字起笔要升至上半格四分之一处，下圈要明显，使其不易改作“4”或“8”；

“7”字上端一横要既明显又平直，拐角不得圆滑，与“1”和“9”相区别，并且落笔稍长，略出行；

“8”字要注意上下两圈明显可见，且上圈比下圈稍小；

“9”字的小圈要闭合，并且一竖要稍长，略出行，使其不得与“4”混淆；

“0”字不要写得过小，并且要闭合，以免改作“9”；

除“4”和“5”以外的各单数字，均应一笔写成，不要人为地增加数字画数。

项目实施

一、实训目的

通过实训，掌握阿拉伯数字的标准写法，做到书写规范、清晰、流畅。

二、实施内容

完成阿拉伯数字书写练习。

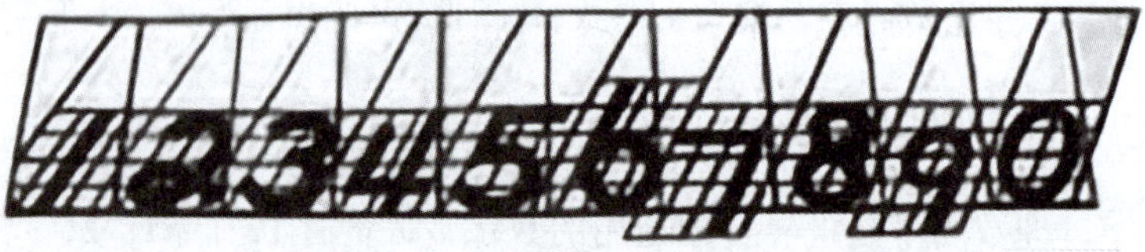

实训二 汉字大写数字书写实训

项目知识

一、阿拉伯数字与汉字大写、小写数字的对照

汉字数字分大写和小写两种，都是汉字的重要组成部分。在日常工作和生活中，经常要用到这些数字。

1. 十以内阿拉伯数字与汉字大写、小写数字的对照

十以内阿拉伯数字与汉字大写、小写的对照如表 2-1 所示。

表 2-1　十以内阿拉伯数字与汉字大写、小写数字的对照

阿拉伯数字	1	2	3	4	5	6	7	8	9	0
汉字小写数字	一	二	三	四	五	六	七	八	九	〇
汉字大写数字	壹	贰	叁	肆	伍	陆	柒	捌	玖	零

2. 进位阿拉伯数字与汉字大写、小写数字的对照

进位阿拉伯数字与汉字大写、小写数字的对照如表 2-2 所示。

表 2-2　进位阿拉伯数字与汉字大写、小写数字的对照

阿拉伯数字	小写数字	大写数字
10	十	拾
100	百	佰
1 000	千	仟
10 000	万	万
100 000 000	亿	亿
10 000 000 000 000	兆	兆
10 000 000 000 000 000 000	京	京
100 000 000 000 000 000 000 000 000	顺	顺

在表 2-1 和表 2-2 中，不论是阿拉伯数字（1，2，3，……），还是汉字小写数字（一、二、三、……），由于笔画简单，容易被涂改伪篡，因此一般在文书和商业财务票据上的数字都要采用汉字数码大写。汉字数码分为数字（壹、贰、叁、肆、伍、陆、柒、捌、玖、零）和数位（拾、佰、仟、万、亿、元、角、分、整）两个部分。

二、汉字大写数字的书写要求

汉字大写数字庄重，笔画繁多，通常用于文书、发票、支票、汇票、存单等各种票据的书写。这些重要的票据金额或实物不但要用阿拉伯数字书写，还要用汉字大写数字书写，以供互相核对，防止篡改，保证单证上数量或金额的正确，避免经济损失。

书写汉字大写数字的基本要求如下：

（1）书写要求使用正楷或者行书字体，不得连笔写。

汉字大写数字的正楷、行书字体如表 2-3 所示。

表 2-3　汉字大写数字的正楷、行书字体

正楷	壹	贰	叁	肆	伍	陆	柒	捌	玖	零	拾	佰	仟	万	亿	元	角	分	整
行书	壹	贰	叁	肆	伍	陆	柒	捌	玖	零	拾	佰	仟	万	亿	元	角	分	整

（2）不得用〇（另）、一、二、三、四、五、六、七、八、九、十等简化字代替，以防被涂改，更不得任意自造简化字。

（3）字体要大小均匀、排列整齐、字迹工整、清晰。

项目实施

一、实训目的

通过实训，掌握汉字大写数字的标准写法，做到书写准确、规范、流畅。

二、实施内容

完成汉字大写数字书写练习。

壹	贰	叁	肆	伍	陆	柒	捌	玖	拾	零	佰	仟	万	亿	元	角	分	整
壹	贰	叁	肆	伍	陆	柒	捌	玖	拾	零	佰	仟	万	亿	元	角	分	整

实训三 大小写金额书写实训

项目知识

大小写金额的书写

一、小写金额书写要求

1. 没有数位分割线的凭证、账、表书写标准

（1）阿拉伯数字金额应当从左到右，从高位至低位一个一个地写，不得连笔。

（2）阿拉伯数字金额前面应当书写货币符号或者货币名称简写（人民币符号：¥），货币符号和数字之间不得留有空白。写符号后，数字后面不再写货币单位。

（3）角分书写情况。所有以元为单位的数字，除表示单价外，一律写到角分；无角分的，写“00”代替，或用符号“—”代替；有角无分的，不可用符号“—”代替分位。

（4）三位一节，即将金额整数部分从小数点向左按“三位一节”用“,”分开，或留 1/4 空白隔开，以便于读数、分清大小和汇总计算。

2. 有数位分割线的凭证、账、表书写标准

（1）对应固定的位数填写，每一个格子只能写一个数码字，不得几个数码字挤在一个格子里，也不得在数码字中间留有空格，不得错位，不得连写。

（2）在金额前一格应当书写货币符号或者货币名称简写。

（3）如果“角”“分”栏无金额，应以“0”补位，也可在格子中间画一短横线代替，不得为空；如果金额有角无分，则应在分位上写“0”，不得在格子中间画一短横线代替。

二、大写金额书写要求

1. 标明货币名称

大写数字金额前未印有货币名称的，应当加填货币名称，货币名称与数字金额之间不得留有空白。

2. 书写规范

书写一律使用正楷或者行书，不得使用简化字，不得自造简化字。

3. 正确运用“整（正）”

大写数字金额到“元”或者“角”为止的，在“元”或“角”字后应当加上“整（正）”；大写数字金额到“分”为止的，“分”字后面不写“整（正）”。

如：¥ 25.00　应写成：人民币贰拾伍元整

¥ 25.50　应写成：人民币贰拾伍元伍角整

¥ 25.45　应写成：人民币贰拾伍元肆角伍分

4．关于“零”

阿拉伯金额数字之间连续几个“0”时，中文大写金额只需要写一个“零”；阿拉伯金额数字万位或者元位是“0”，但千位或者角位不是“0”时，中文大写“零”可写可不写。

如：￥30,005.00　应写成：人民币叁万零伍元整

￥2,500.32　应写成：人民币贰仟伍佰元（零）叁角贰分

5．表示数位的文字（拾、佰、仟、万、亿）前必须有数字

如：￥15.83　应写成：人民币壹拾伍元捌角叁分

三、书写错误的更正

进行会计书写时，如果出现了错误，就要进行更正。更正要规范化，不能在原来的数字上涂改、挖补、刮擦、贴纸、用涂改液或消字药水销迹，而应当用规范进行更正。

具体操作方法为：登记账簿时发生错误，应先将错误文字或者全部数字画单红线注销，然后在画线上方填写正确的文字或者数字，并由责任人员和会计机构负责人（会计主管人员）在画线处加盖名章。画线注销的文字或者数字，必须仍可辨认。数字错误，应当全部画单红线更正，不得只更正其中的错误数字；文字错误，可只划去错误的部分。

项目实施

一、实训目的

通过实训，掌握大小写金额的标准写法，做到书写规范、清晰、流畅。

二、实施内容

1．将下表中没有数位分隔线的各人民币小写数字金额写成有数位分隔线的小写金额和大写数字金额。

小写金额栏										大写金额栏
没有数位分割线	有数位分割线									
	百	十	万	千	百	十	元	角	分	
¥2,125.00										
¥285.50										
¥4,368.32										

续表

小写金额栏										大写金额栏
没有数位分割线	有数位分割线									
	百	十	万	千	百	十	元	角	分	
¥50,002.00										
¥820,020.00										
¥450.80										
¥206,500.00										
¥15.80										
¥16.50										
¥30,005.00										
¥10,642.00										
¥20,000.58										
¥303,500.80										

2．将下表中各人民币大写数字金额写成小写数字金额。

大写金额栏	小写金额栏									
	没有数位分割线	有数位分割线								
		百	十	万	千	百	十	元	角	分
人民币贰佰陆拾元整										
人民币叁佰零捌元伍角陆分										
人民币肆拾捌万零玖佰元整										

续表

大写金额栏	小写金额栏									
	没有数位分割线	有数位分割线								
		百	十	万	千	百	十	元	角	分
人民币壹万柒仟肆佰零玖元零伍分										
人民币贰仟元伍角伍分										
人民币肆佰贰拾伍元零陆分										
人民币捌仟玖佰零贰元整										
人民币柒拾万零肆角贰分										
人民币壹仟元整										
人民币玖拾捌万肆仟叁佰伍拾元叁角叁分										
人民币壹拾叁万零陆元整										
人民币壹拾柒元整										
人民币柒拾伍万零贰元玖角叁分										
人民币陆角肆分										
人民币贰拾捌万零玖元零柒分										
人民币玖仟叁佰元伍角										
人民币贰仟捌佰元零陆分										
人民币贰拾伍万叁仟肆佰壹拾玖元整										

实训四 票据日期大写书写实训

票据日期大写的书写

项目知识

由于银行票据存在有效期，部分银行票据的出票日期必须使用中文大写，为了防止变造票据的出票日期，在填写月、日时，应当注意：月为 1、2、10，日为 1 ~ 9、10、20、30 前面必须加“零”；月为 10、11、12，日为 11 ~ 19 前必须加“壹”。

如：2024 年 10 月 20 日应写成：贰零贰肆年零壹拾月零贰拾日

2024 年 2 月 15 日应写成：贰零贰肆年零贰月壹拾伍日

项目实施

一、实训目的

通过实训，掌握票据日期大写的标准写法，做到书写规范、清晰、流畅。

二、实施内容

小写票据日期	大写票据日期
2011 年 2 月 15 日	
2012 年 3 月 10 日	
2013 年 4 月 20 日	
2014 年 5 月 30 日	
2015 年 6 月 11 日	
2016 年 7 月 18 日	
2017 年 8 月 22 日	
2018 年 9 月 20 日	
2019 年 10 月 12 日	
2020 年 11 月 2 日	
2021 年 1 月 1 日	
2022 年 2 月 12 日	
2023 年 3 月 23 日	
2024 年 4 月 30 日	

实训小结

实训考核

考核项目		分值	考核内容及评分标准	自评	互评
实训态度		10分	实训认真、服从老师统一安排，独立完成实训 好8~10分；一般4~7分；差1~3分；抄袭0分		
实训纪律		10分	不迟到、不早退、不无故旷课，遵守实训纪律 好8~10分；一般4~7分；差1~3分；缺席0分		
实训作品	正确性	50分	会计书写完整、准确 好36~50分；一般16~35分；差1~15分		
	及时性	10分	根据实训时间安排，及时完成实训任务 好8~10分；一般4~7分；差1~3分		
	规范性	10分	书写整齐、清楚、规范，不乱涂乱改 好8~10分；一般4~7分；差1~3分		
实训总结		10分	总结深刻、全面、字迹工整 好8~10分；一般4~7分；差1~3分		
总分		100分			
教师评价					

项目二
会计凭证填制与审核实训

项目背景

会计凭证是记录经济业务发生的证明性文件，是记录会计信息的重要载体，填制和审核会计凭证是会计核算方法之一。经济业务的发生须有原始凭证，这些凭证用复式记账的原理使之归类后，再以会计分录的形式填制在记账凭证上，作为记账的依据。

会计凭证的填制与审核是会计人员将经济语言转化为会计语言的重要环节，也是表明经济业务已经发生和完成的证据，正确填制和审核会计凭证是会计人员的必备职业技能之一。

项目内容

本项目共设置了两个子项目，分别是原始凭证和记账凭证的填制与审核实训，要求能根据发生的经济业务内容独立填制和审核原始凭证、记账凭证。

德技并修

会计凭证是企业财务数据产生的起点，数据偏差可能导致企业决策的失误。

填制会计凭证，要求细致、认真。会计人员在工作中，需具备客观、公正、严谨的工作态度和一丝不苟的职业素养。

实训一　原始凭证填制与审核实训

项目知识

一、原始凭证的基本内容

原始凭证的基本内容主要包括以下几个方面。

（1）原始凭证的名称。

（2）填制原始凭证的日期和编号。

（3）填制原始凭证单位的名称或填制人姓名。

（4）接受原始凭证的单位名称。

（5）经济业务的基本内容，包括经济业务的内容摘要、数量、单价、金额等。

（6）经办人员的签章。

二、原始凭证的填制要求

（一）记录真实，内容完整

原始凭证所填列经济业务的内容和数字，必须真实可靠，符合实际情况。

原始凭证所要求填列的项目必须逐项填列齐全，不得遗漏或省略。原始凭证中的年、月、日要按照填制原始凭证的实际日期填写；名称要齐全，不能简化；品名或用途要填写明确，不能含糊不清；有关人员的签章必须齐全。

（二）计算准确，填制及时

自制原始凭证中涉及计算的，应当准确计算，原始凭证上记载的经济业务的数量、单价、金额，应当正确无误；计算费用分配、摊销的原始凭证，费用摊提的方法及依据，应符合会计准则的相关规定，分配率、分摊金额的计算应当正确。原始凭证上不得涂改、刮擦、挖补。原始凭证金额有错误的，应当由出具单位重开，不得在原始凭证上更正。原始凭证有其他错误的，应当由出具单位重开或更正，更正处应当加盖出具单位印章。

各种原始凭证一定要及时填写，并按规定的程序及时送交会计机构审核。

（三）书写清晰，手续完备

原始凭证要按规定填写，文字要简明，字迹要清晰，易于辨认，不得使用未经国务院公布的简化汉字。大小写金额必须符合填写规范、小写金额用阿拉伯数字逐个书写，不得写连笔字。在金额前要填写人民币符号“¥”（使用外币时填写相应符号），且与阿拉伯数字之间不得留有空白。

另外，取得的原始凭证与自制原始凭证都应有完备的手续。单位自制的原始凭证必须有经办单位相关负责人的签名盖章；对外开出的原始凭证必须加盖本单位公章或者财务专用章等；从外部取得的原始凭证，必须盖有填制单位的公章或者财务专用章等；对外开出或从外取得的电子形式的原始凭证必须附有符合《电子签名法》的电子签名；从个人取得的原始凭证，必须有填制人员的签名或盖章。

三、原始凭证的审核

（一）合法性和合理性审核

审核原始凭证所记录经济业务是否符合国家法律法规，是否履行了规定的凭证传递和审核程序；审核原始凭证所记录经济业务是否符合企业经济活动的需要、是否符合有关的计划和预算等。

（二）完整性审核

审核原始凭证各项基本要素是否齐全，是否有漏项情况，日期是否完整，数字是否清晰，文字是否工整，有关人员签章是否齐全，凭证联次是否正确等。

（三）真实性和正确性审核

真实性的审核包括凭证日期是否真实、业务内容是否真实、数据是否真实等。对外来原始凭证，必须有填制单位公章或财务专用章和填制人员签章，其中，电子形式的外来原始凭证，应当附有符合《电子签名法》的电子签名（章）；对自制原始凭证，必须有经办部门和经办人员的签名或盖章。此外，对通用原始凭证，还应审核凭证本身的真实性，以防作假。

审核原始凭证记载的各项内容是否正确，包括：①接受原始凭证单位的名称是否正确。②金额的填写和计算是否正确。阿拉伯数字分位填写，不得连写。小写金额前要标明“¥”字样，中间不能留有空位。大写金额前要加“人民币”字样，大写金额与小写金额要相符。③更正是否正确。原始凭证记载的各项内容均不得涂改、刮擦和挖补。

（四）及时性审核

对于填制完成的原始凭证应及时进行审核，包括：①完全符合要求的原始凭证，是否及时据以编制记账凭证入账。②内容不全、填写有误的原始凭证，是否已经退回，补充完整、更正错误或重开。③不真实、不合法的原始凭证，是否已经拒绝并向单位责任人报告。④对于遗失的原始凭证，是否已经取得原开具单位证明，并通过会计责任人批准；确实无法取得证明的原始凭证，是否由当事人写明事由，并报由负责人批准。

项目实施

一、实训目的

通过训练，掌握原始凭证的填制和审核。

填制现金支票

二、实训资料

根据长沙中兴有限公司 2023 年 7 月发生的部分经济业务填制相关原始凭证：

（1）3 日，会计部门出纳员唐华签发支票提取备用金，金额为 1 000 元。

要求：签发现金支票。

知识点链接 支票

1. 支票的概念、种类和适用范围

支票是指出票人签发的、委托办理支票存款业务的银行在见票时无条件支付确定的金额给收款人或者持票人的票据。

支票分为现金支票、转账支票和普通支票三种。支票上印有“现金”字样的为现金支票。现金支票只能用于支取现金。支票上印有“转账”字样的为转账支票，转账支票只能用于转账。支票上未印有“现金”或“转账”字样的为普通支票，普通支票可以用于支取现金，也可以用于转账。在普通支票左上角划两条平行线的，为划线支票，划线支票只能用于转账，不得支取现金。

单位和个人在同一票据交换区域的各种款项结算，均可以使用支票。使用支票影像业务可以在全国通用。

2. 支票的填制要求

（1）存根联。存根联日期可以小写，单位名称可以简写。

（2）支票联。

❶日期必须中文大写。

❷收款人必须写全称。

❸“人民币”必须紧接大写金额，必须与小写金额一致。

❹小写金额前加“¥”。

❺现金支票的用途一般填写“备用金”等；转账支票的用途根据支付内容填写。

❻加盖银行预留印鉴。

业务 1

中国工商银行 现金支票存根（湘） VI II 01517216 附加信息	本支票付款期十天	中国工商银行现金支票（湘） VI II 01517216 出票日期（大写）　　年　月　日　付款行名称： 收款人：　　　　出票人账号：
		人民币（大写） 千 百 十 万 千 百 十 元 角 分
出票日期　年　月　日 收款人： 金额： 用途： 单位主管　　会计		用途：　　　　　　科目（借） 上列款项请从　　　对方科目（贷） 我账户内支付　　　付讫日期　年　月　日 出票人签章　　　　出纳　复核　记账 长沙中兴有限公司 财务专用章 杨天云印

（2）10 日，出纳员唐华填制现金交款单，将收到的现金 8 000 元罚没收入存入银行，面值均为 100 元，计 80 张。

要求：填制现金交款单。

业务 2

中国工商银行　现金交款单

年　月　日

客户名称											
账号		开户银行									
币种及金额	（大写）	千	百	十	万	千	百	十	元	角	分
款项来源											

券别	数量（张）	券别	数量（张）	券别	数量（张）	券别	数量（张）	券别	数量（张）	券别	数量（张）
佰元		拾元		壹元		壹角		壹分			
伍拾元		伍元		伍角		伍分					
贰拾元		贰元		贰角		贰分					

备注：

银行盖章：

第二联 入账通知

（3）12 日，财务部赵玲预借赴广州差旅费 5 000 元，预计归还日期为 7 月 20 日。

要求：填写借支单，并以现金支付赵玲预借款。

填制借支单

业务 3

借 支 单

年　　月　　日

姓　　名		工作部门		职务	
借 款 原 因			领导审批		
借 支 金 额	人民币（大写）				
借款人签名					

出纳：　　　　　　　　　　　　　　　　审核：

（4）15 日，向长沙市南海工厂购买 AKD 材料和 BYS 材料各 100 千克，取得的增值税专用发票上列明的价款为 24 000 元，增值税额为 3 120 元，货款尚未支付，材料已验收入库。

要求：审核发票并填制收料单。

业务 4-1

湖南增值税专用发票

430017213012　　　　发票联　　　　No 00065854

开票日期：2023 年 7 月 15 日

购买方	名　　称：长沙中兴有限公司 纳税人识别号：914301113294757496 地址、　电话：长沙市远大一路 96 号　0731-84846158 开户行及账号：中国工商银行长沙远大路支行　1102021357924680000					密码区	2489—1<9—7—61596284 8<032/52>9/29533—4974 1626<8—3024>82906—2 —47—6<7>2*—/>*>6	
货物或应税劳务、服务名称		规格型号	单位	数量	单价	金　额	税率	税　额
AKD 材料			千克	100	140.00	14 000.00	13%	1 820.00
BYS 材料			千克	100	100.00	10 000.00	13%	1 300.00
合计						¥24 000.00		¥3 120.00
价税合计（大写）		人民币贰万柒仟壹佰贰拾元整				（小写）¥27 120.00		
销售方	名　　称：长沙市南海工厂 纳税人识别号：914301253794057211 地址、　电话：长沙市远大一路 134 号　0731-84845678 开户行及账号：中国工商银行长沙远大路支行　1102022134589525685					备注	长沙市南海工厂 914301253794057211 发票专用章	

收款人：刘山　　　复核：陈光　　　开票人：陈浩　　　销货方：（章）

第二联：发票联　购货单位记账凭证

业务 4-2

长沙中兴有限公司收料单

供货单位：　　　　　　　　　　　　　　　　　　　　　　　　凭证编号：收 2 号

发票编号：　　　　　　　　　　　年　　月　　日　　　　　　收料仓库：1 仓库

类别	编号	名称	规格	单位	数量		实际成本			
					应收	实收	单价	金额	运费	合计
合计										

主管：　　　　记账：　　　　仓库保管：　　　　经办人：

（5）18 日，收到现金 800 元，系华兴公司支付的借用包装物押金。（经手人：李浩）

要求：填制收据。

填制收据

业务 5

收　款　收　据

No：0512056

年　　月　　日

今收到＿＿＿＿＿＿＿＿＿＿＿＿＿＿＿＿

人民币＿＿＿＿＿＿＿＿＿＿＿＿＿＿＿＿

系　付＿＿＿＿＿＿＿＿＿＿＿＿＿＿＿＿

第三联　记账联

单位盖章：　　　　会计：　　　　出纳：　　　　经手人：

（6）21 日，长沙中兴有限公司财务处会计赵玲报销赴广州开会出差差旅费。根据公司出差人员报销制度，公司部门主管以下人员出行以火车方式出行，按级别可购买二等座车票，出差补贴为餐补每人每天 100 元，交通补贴每人每天 50 元。

要求：填制差旅费报销单；审核并办理费用报销事项。

填制差旅费报销单

知识点链接 差旅费报销流程

1. 提供合法的票据

住宿费票据不能用其他发票代替，并提供接待机构出具的详细账单。参加会议的要附加领导签批的会议通知单。

2. 填写差旅费报销单

填写内容包括：姓名，出差日期，出差天数，出差事由，起止地点，起止日期，车船费，住宿费及其他等项目即可，出差人员补助及相关税费等其余栏目由财务人员填写。

3. 相关领导签批

经办人将“差旅费报销单”报相关领导（分管领导或部门负责人）签批。

4. 提交财务审核

财务人员根据差旅费开支的有关规定予以补助，填写差旅费合计金额并签字，出差人员确认后签字。

5. 财务人员审核、冲抵借支、编制记账凭证

6. 出纳收付现金或办理银行转账业务

业务 6-1

业务 6-2

广东增值税普通发票

全国统一发票监制章 国家税务总局监制

4400107219　　No 31724577

发票联

开票日期：2023 年 7 月 19 日

购买方	名　　称：长沙中兴有限公司 纳税人识别号：914301113294757496 地址、　电话：长沙市远大一路 96 号　0731-84846158 开户行及账号：中国工商银行长沙远大路支行　1102021357924680000					密码区	3549—1<9—7—61596284 8<032/52>9/29533—4974 2626<7—3024>82906—2 —47—6<9>2*—/>*>8	
货物或应税劳务、服务名称	规格型号	单位	数量	单价	金额	税率	税额	
*住宿服务*住宿费		天	3	403.77	1 211.32	6%	72.68	
合计					¥1 200.32		¥72.68	
价税合计（大写）	人民币壹仟贰佰捌拾肆元整　　（小写）¥1 284.00							
销售方	名　　称：广州市交通大厦酒店有限公司 纳税人识别号：914401011904384128 地址、　电话：广东省珠海市水湾路 19 号　020-88844748 开户行及账号：中国工商银行珠海分行　1102022134588871218					备注	广州市交通大厦酒店有限公司 914401011904384128 发票专用章	

收款人：吴怡　　复核：李霞　　开票人：张明　　销售方：（章）

第二联：发票联　购货单位记账凭证

业务 6-3

广州市交通大厦酒店结账单

广州市交通大厦酒店有限公司

接待员：彭钰　　抵店时间：2023-7-16 15:20

离店时间：2023-7-19 6:20

账单：00001234567　　最后结账时间：2023-7-19 6:20

打印人：彭钰　　打印时间：2023-7-19 6:20

时间	项目	房号	银行卡号	消费金额	付款金额	数量	结账人	备注
2023-7-16 15:20	夜租	608		1 284.00		1	彭钰	
2023-7-19 6:20	信用卡	608			1 284.00	1	彭钰	

总计 RMB：　1 284.00

已开票金额：1284.00　　余额 Balance：

房租消费：　　客房其他：　　餐饮消费：0.00　　娱乐消费：0.00

广州市交通大厦酒店有限公司 前厅部内部专用章

业务 6-4

长沙中兴有限公司

差旅费报销单

部门：　　　　　　　　　　　　填报日期：　　年　　月　　日　　　　　　　　　　金额单位：元

姓名			职级			出差事由			出差天数	计划　天 实际　天	备注
城市间交通费						其他费用					
日期		起讫地点		飞机、车、船费		项目		标准	计算天数	核报金额	
月	日	起	讫	类别	金额	伙食补助费	I				
							II				
						市内交通费	I				
							II				
						住宿费					
						其他杂项					
小计											
总计金额（大写）	万	仟	佰	拾	元	角	分	预借数______	核报数______	退或补______	

附件　　张

总经理：　　　　　　财务部：　　　　　　部门负责人：　　　　　　填报人：

（7）23 日，生产车间生产 ST 产品，领用 AKD 材料 50 千克。

要求：填制领料单。

填制领料单

业务 7

中兴公司领料单

领料单位：　　　　　　　　　　年　　月　　日　　　　　　　　____发料第　　　号

类别	编号	名称	规格	单位	数量		单价	金额
					请领	实发		
用途					领料部门		发料部门	
					负责人	领料人	核准人	发料人

实训二 记账凭证填制与审核实训

填制记账凭证

德技并修

未按规定填制、取得会计凭证要承担的法律责任

根据2024年7月1日实施的修改后的《中华人民共和国会计法》（以下简称《会计法》）规定，企业办理经济业务事项，必须填制或者取得原始凭证并及时送交会计机构。《会计法》规定："未按照规定填制、取得原始凭证或者填制、取得的原始凭证不符合规定的"，"以未经审核的会计凭证为依据登记会计账簿或者登记会计账簿不符合规定的"由县级以上人民政府财政部门责令限期改正，给予警告、通报批评，对单位可以并处二十万元以下的罚款，对其直接负责的主管人员和其他直接责任人员可以处五万元以下的罚款；情节严重的，对单位可以并处二十万元以上一百万元以下的罚款，对其直接负责的主管人员和其他直接责任人员可以处五万元以上五十万元以下的罚款；属于公职人员的，还应当依法给予处分。

项目知识

一、记账凭证填制的基本要求

记账凭证的填制除了要做到内容完整、书写清楚和规范外，还必须符合下列要求。

（1）除结账和更正错账可以不附原始凭证外，其他记账凭证必须附原始凭证。

（2）记账凭证可以根据每一张原始凭证填制，或根据若干张同类原始凭证汇总填制，也可以根据原始凭证汇总表填制，但不得将不同内容和类别的原始凭证汇总填制在一张记账凭证上。

（3）记账凭证应连续编号。凭证应由主管该项业务的会计人员，按业务发生的顺序并按不同种类的记账凭证采用"字号编号法"连续编号，如银收字1号、现收字2号、现付字1号、银付字2号。如果一笔经济业务需要填制两张以上（含两张）记账凭证的，可以采用"分数编号法"编号，如转字$4\frac{1}{2}$号、转字$4\frac{2}{2}$号。

（4）填制记账凭证时若发生错误，应当重新填制。已经登记入账的记账凭证在当年内发现填写错误时，可以用红字填写一张与原内容相同的记账凭证，在摘要栏注明"注销某月某日某号凭证"字样，同时再用蓝字重新填制一张正确的记账凭证、注明"订正某月某日某号凭证"字样。如果会计科目没有错误，只是金额错误，也可以将正确数字与错误数字之间的差额另编一张调整的记账凭证，调增金额用蓝字，调减金额用红字。

（5）记账凭证填制完成后，如有空行，应当自金额栏最后一笔金额数字下的空行处至合计数上的空行处划线注销。

二、记账凭证的审核

为了保证会计信息的质量，在记账之前应由有关稽核人员对记账凭证进行严格的审核，审核的内容主要包括：记账凭证是否有原始凭证为依据，所附原始凭证或原始凭证汇总表的内容与记账凭证的内容是否一致；记账凭证各项目的填写是否齐全，如日期、凭证编号、摘要、会计科目、金额、所附原始凭证张数及有关人员签章等；记账凭证的应借、应贷科目以及对应关系是否正确；记账凭证所记录的金额与原始凭证的有关金额是否一致，计算是否正确；记账凭证中的记录是否文字工整、数字清晰，是否按规定进行更正等；出纳人员在办理收款或付款业务后，是否已在原始凭证上加盖“收讫”或“付讫”的戳记。

项目实施

一、实训目的

通过训练，掌握记账凭证的填制和审核。

二、实训资料

根据长沙中兴有限公司 2023 年 8 月经济业务填制记账凭证。

业务 1-1

湖南增值税专用发票

发票联

430004520267　　　　No 00075649

开票日期：2023 年 8 月 01 日

购买方	名　　称：长沙中兴有限公司 纳税人识别号：914301113294757496 地址、电话：长沙市远大一路 96 号、0731-84846158 开户行及账号：中国工商银行长沙远大路支行 110202135792468000				密码区	2352—1<9—7—61596284 8<032/52>9/29533—4974 2489<8—3024>82906—2 —47—6<7>2*—/>*>6	
货物或应税劳务、服务名称	规格型号	单位	数量	单价	金额	税率	税额
AKD 材料		千克	200	140.00	28 000.00	13%	3 640.00
合计					¥28 000.00		¥3 640.00
价税合计（大写）	人民币叁万壹仟陆佰肆拾元整				（小写）¥31 640.00		
销售方	名　　称：长沙市东风工厂 纳税人识别号：914303363748567927 地址、电话：长沙市韶山南路 296 号　0731-85489678 开户行及账号：中国工商银行长沙砂子塘支行 110202213458952568 5				备注		

收款人：陈怡静　　复核：李奕　　开票人：吴翼　　销货方：（章）

第二联：发票联　购货单位记账凭证

（印章：全国统一发票监制章 国家税务总局监制；长沙市东风工厂 914303363748567927 发票专用章）

业务 1-2

收　料　单

2023年8月01日　　　　收字第1号

供应者：长沙市东风工厂		发票号：00035641				2023年8月1日收到										
编号	材料名称	规格	送验数量	实收数量	单位	单价	金额									
							千	百	十	万	千	百	十	元	角	分
	AKD材料			200	千克	140				2	8	0	0	0	0	0
	合计								¥	2	8	0	0	0	0	0
备注				验收人签章	李浩											

会计：　　复核：张鑫　　记账：　　制单：李浩

业务 1-3

付款申请书

2023 年 8 月 01 日

用途及情况	金额											收款单位：长沙市东风工厂
偿还货款	亿	千	百	十	万	千	百	十	元	角	分	账号：1102022134589525685
				¥	3	1	6	4	0	0	0	开户行：中国工商银行长沙砂子塘支行
金额（大写）合计	人民币叁万壹仟陆佰肆拾元整											结算方式：网银转账

总经理	杨云天	财务部门	经理	李宽	业务部门	经理	陈斌
			会计	赵玲		经办人	张大

业务 1-4

中国工商银行 网上银行电子回单

打印日期：2023 年 08 月 01 日

付款人	户名	长沙中兴有限公司	收款人	户名	长沙市东风工厂
	账号	1102021357924680000		账号	1102022134589525685
	开户行	中国工商银行长沙远大路支行		开户行	中国工商银行长沙砂子塘支行
金额（大写）		人民币叁万壹仟陆佰肆拾元整	金额（小写）		¥31 640.00
结算方式		网银业务	业务种类		货款
交易流水号		361562325555345	时间戳		2023-08-01 10:00:12
中国工商银行 电子回单专用章		打印柜员：32298623901 打印机构：中国工商银行长沙远大路支行			

业务 2

中国工商银行
现金支票存根

支票号码 DH 20102338

附加信息

签发日期 2023 年 8 月 05 日

收款人：	长沙中兴有限公司
金　额：	¥6 000.00
用　途：	备用金
备　注：	

单位主管：杨云天　　会计：赵玲

业务 3-1

湖南增值税专用发票

430004520285　　№ 00035648

记账联

开票日期：2023 年 8 月 08 日

<table>
<tr><td rowspan="4">购买方</td><td colspan="5">名　　称：上海泸西供电公司
纳税人识别号：91310103132612228L
地址、　电话：上海市长宁路 1285 号　021-82136800
开户行及账号：中国工商银行上海长宁分行　1216080421566830248</td><td>密码区</td><td colspan="3">5729—1<9—7—61596284
8<032/52>9/24869—4974
8897<8—3024>82906—2
—47—6<7>2*—/>*>6</td></tr>
<tr><td>货物或应税劳务、服务名称</td><td>规格型号</td><td>单位</td><td>数量</td><td>单价</td><td>金　额</td><td>税率</td><td>税　额</td></tr>
<tr><td>ST 产品</td><td></td><td>件</td><td>4</td><td>800.00</td><td>3 200.00</td><td>13%</td><td>416.00</td></tr>
<tr><td>合计</td><td></td><td></td><td></td><td></td><td>¥3 200.00</td><td></td><td>¥416.00</td></tr>
<tr><td colspan="2">价税合计（大写）</td><td colspan="8">人民币叁仟陆佰壹拾陆元整　　（小写）¥3 616.00</td></tr>
<tr><td>销售方</td><td colspan="5">名　　称：长沙中兴有限公司
纳税人识别号：914301113294757496
地址、　电话：长沙市远大一路 96 号　0731-84846158
开户行及账号：中国工商银行长沙远大路支行　1102021357924680000</td><td>备注</td><td colspan="3"></td></tr>
</table>

收款人：唐华　　复核：向华　　开票人：赵玲　　销货方（章）

第三联：记账联　销货单位记账凭证

业务 3-2

销 售 单

2023 年　8 月 08　日　　　　　　　　　　№：000666

购货单位	名称	上海沪西供电公司		纳税人识别号	91310103132612228L		
	地址电话	上海市长宁路 1285 号 021-82136800		开户银行及账号	中国工商银行上海长宁分行 1216080421566830248		
货物或劳务名称		规格型号	单位	数量	单价	金额	备注
ST 产品			件	4	800	3 200.00	
合　计						3 200.00	
销售人员		吴清		销售主管	邹宇		

⑤财务部门

业务 4-1

全国统一发票监制章 国家税务总局监制

湖南增值税普通发票

430125480214　　　　发票联　　　　№ 00655642

开票日期：2023 年 8 月 12 日

购买方	名　　称：长沙中兴有限公司 纳税人识别号：914301113294757496 地址、　电话：长沙市远大一路 96 号　0731-84846158 开户行及账号：中国工商银行长沙远大路支行　1102021357924680000					密码区	3546—1<9—7—61596284 8<032/52>9/29533—4974 1626<8—3024>82906—2 —47—6<7>2*—/>*>6	
货物或应税劳务、服务名称	规格型号	单位	数量	单价	金额	税率	税额	
惠普黑彩高容墨盒套装		套	1	475.25	475.25	1%	4.75	
合计					¥475.25		¥4.75	
价税合计（大写）	人民币肆佰捌拾元整　　（小写）¥480.00							
销售方	名　　称：长沙市万佳百货有限公司 纳税人识别号：914333573359274628 地址、　电话：长沙市人民中路 328 号　0731-85498026 开户行及账号：中国工商银行长沙人民中路支行　1102022135792456875					备注	长沙市万佳百货有限公司 914333573359274628 发票专用章	

收款人：李发　　　复核：万余　　　开票人：李莎　　　销货方：（章）

第二联：发票联　购货单位记账凭证

业务 4-2

长沙中兴有限公司费用报销单

部门：总经理办公司　　　　2023 年 8 月 12 日

<table>
<tr><td colspan="4">摘　　要</td><td>金　额</td><td rowspan="6">附
件
1
张</td></tr>
<tr><td colspan="4">办公用品</td><td>480.00</td></tr>
<tr><td colspan="4"></td><td></td></tr>
<tr><td colspan="4">现金付讫</td><td></td></tr>
<tr><td colspan="4"></td><td></td></tr>
<tr><td>合计</td><td colspan="3">人民币（大写）肆佰捌拾元整</td><td>¥480.00</td></tr>
<tr><td>报销
方式</td><td>银行存款
（ ）</td><td>现金
（√）</td><td>转账
（ ）</td><td colspan="2">主管领导：张亮　审核：向华
出纳：唐华　报销人：李明</td></tr>
</table>

业务 5

收　款　收　据

2023 年 8 月 19 日　　　　No：0512056

今收到 华兴公司

人民币 陆佰元整　　（¥600.00）

系 付 借用包装物押金

现金收讫

（印章：长沙中兴有限公司 财务专用章）

单位盖章：　　会计：赵玲　　出纳：唐华　　经手人：陈雨荷

第三联 记账联

业务 6-1

湖南增值税专用发票

发票联

430365489563　　　　　　　　　　　　　　　　No 00655751

开票日期：2023 年 8 月 25 日

购买方	名　　称：长沙中兴有限公司 纳税人识别号：914301113294757496 地址、电话：长沙市远大一路 96 号　0731-84846158 开户行及账号：中国工商银行长沙远大路支行　1102021357924680000					密码区	2352—1<9—7—61596284 8<032/52>9/29533—4974 2489<8—3024>82906—2 —47—6<7>2*—/>*>6	
货物或应税劳务、服务名称	规格型号	单位	数量	单价	金额	税率	税额	
BYS 材料		千克	200	110.00	22 000.00	13%	2 860.00	
合计					¥22 000.00		¥2 860.00	
价税合计（大写）	人民币贰万肆仟捌佰陆拾元整				（小写）¥24 860.00			
销售方	名　　称：长沙市东风工厂 纳税人识别号：914303363748567927 地址、电话：长沙市韶山南路 296 号　0731-85489678 开户行及账号：中国工商银行长沙砂子塘支行　1102022134589525685					备注	长沙市东风工厂 914303363748567927 发票专用章	

收款人：陈怡静　　　复核：李奕　　　开票人：吴翼　　　销货方：（章）

第二联：发票联　购货单位记账凭证

业务 6-2

收　料　单

2023 年 8 月 25 日　　　　　　第 9 号

供应者：长沙市东风工厂　发票号：000655751							2023 年 8 月 25 日收到									
编号	材料名称	规格	送验数量	实收数量	单位	单价	金额									
							千	百	十	万	千	百	十	元	角	分
	BYS 材料			200	千克	110.00				2	2	0	0	0	0	0
合计									¥	2	2	0	0	0	0	0
备注				验收人签章	李浩											

会计：赵玲　　　复核：张鑫　　　记账：赵玲　　　制单：李浩

业务 7

固定资产折旧计算表

2023 年 08 月 31 日

使用部门	上月折旧额	上月增加固定资产增加折旧额	上月减少固定资产折旧额	本月折旧额
生产车间	19 382	9 800	7 500	21 682
行政管理部门	12 216	1 000		13 216
销售部门	782			782
合计	32 380	10 800	7 500	35 680

复核：　　　　　　　　　　制单：

业务 8

预付费用摊销表

2023 年 08 月 31 日

项目	金额	摊销期限	已摊金额	本月摊销额
销售部门	36 000	6 个月	12 000	6 000

实训小结

实训考核

考核项目		分值	考核内容及评分标准	自评	互评
实训态度		10分	实训认真、服从老师统一安排，独立完成实训 好8~10分；一般4~7分；差1~3分；抄袭0分		
实训纪律		10分	不迟到、不早退、不无故旷课，遵守实训纪律 好8~10分；一般4~7分；差1~3分；缺席0分		
实训作品	正确性	50分	会计凭证填写完整、准确 好36~50分；一般16~35分；差1~15分		
	及时性	10分	根据实训时间安排，及时完成实训任务 好8~10分；一般4~7分；差1~3分		
	规范性	10分	书写整齐、清楚、规范，不乱涂乱改 好8~10分；一般4~7分；差1~3分		
实训小结		10分	总结深刻、全面、字迹工整 好8~10分；一般4~7分；差1~3分		
总分		100分			
教师评价					

项目三

会计账簿登记实训

项目背景

会计账簿是以会计凭证为依据，对企业发生的全部经济业务进行全面、系统、连续、分类的记录和核算的簿籍，是由专门的一定格式的账页所组成的。

设置和登记会计账簿，是非常重要的会计核算基础工作，是连接会计凭证和会计报表的中间环节，做好这项工作，才能把分散在会计凭证上的大量基础核算资料，进行集中和归类整理，生成有用的会计信息，从而为编制会计报表、进行会计分析以及审计提供主要依据。

会计账簿的登记，一方面可以分类地反映各项会计信息，提供一定时期内企业经济活动的详细情况；另一方面可以通过账簿的发生额、余额计算，提供总括会计信息，反映企业的财务状况及经营成果。因此，熟悉并掌握会计账簿的登记方法，对于加强企业经济管理具有十分重要的意义。

项目内容

本项目共设置了两个实训，分别是日记账登记实训和分类账登记实训，要求学生初步掌握会计账簿的登记方法。

德技并修

未按规定设置、登记会计账簿要承担的法律责任

根据2024年7月1日实施的修改后的《中华人民共和国会计法》(以下简称《会计法》)规定，企业办理经济业务事项，必须填制或者取得原始凭证并及时送交会计机构。《会计法》规定："不依法设置会计账簿的"，"私设会计账簿的"由县级以上人民政府财政部门责令限期改正，给予警告、通报批评，对单位可以并处二十万元以下的罚款，对其直接负责的主管人员和其他直接责任人员可以处五万元以下的罚款；情节严重的，对单位可以并处二十万元以上一百万元以下的罚款，对其直接负责的主管人员和其他直接责任人员可以处五万元以上五十万元以下的罚款；属于公职人员的，还应当依法给予处分。

实训一 日记账登记实训

项目知识

登记日记账

日记账的登记要求

依据《会计基础工作规范》，现金日记账和银行存款日记账的登记依据是审核无误后的记账凭证，由出纳完成登记工作。日记账一般采用订本式，账页采用三栏式，根据业务的先后顺序逐日逐笔进行登记。具体登记方法如下：

（1）登记日记账时，出纳应将审核无误后的会计凭证的日期、种类和编号、业务的内容摘要、金额等逐项记入账内，同时要在会计凭证上注明账簿的页数，或划"√"符号，表示已经登记入账，防止漏记、重记和错记等情况发生。出纳人员对有疑问的会计凭证，应提交会计主管人员进一步审核，在审核结果未出来前，出纳人员可以拒绝入账。

（2）账簿登记必须逐页、逐行顺序连续登记，不得隔页、跳行，若纸质会计账簿出现跳行或隔页，应将空行、空页划线注销，或者注明“此行空白”“此页空白”字样，并由记账人员和会计机构负责人（会计主管人员）盖章。

（3）出纳人员应每天逐笔登记已发生的经济业务，且按日结出余额，并在“借”或“贷”栏内注明“借”或“平”字。现金日记账余额每天需要与库存现金进行核对。

（4）账簿中书写的文字和数据适当留空，不要写满格。书写文字应紧靠左线，书写数据应紧靠底线，一般应占格距的1/2。

（5）登记日记账要用蓝、黑或蓝黑墨水书写，红色墨水笔只能在结账、划线和冲账时使用。同时要求账簿记录字迹工整、保持清晰可见。

（6）当每一页账页登记完毕结转下页时，需要在最后一行结出本页的合计数及余额，写在本页最后一行和下页第一行有关栏内，并在摘要栏内写明“过次页”和“承前页”。在登账过程中出现错误，采用正确的更正方法予以更正，不得刮、擦、挖、补。

项目实施

一、实训目的

通过训练，掌握日记账的登记方法。

二、实施内容

1. 实训背景资料

（1）长沙中兴有限公司2023年6月发生下列现金收支业务（月初现金日记账借方余额为1 800元），请根据下列经济业务审核记账凭证并登记现金日记账。

①3日，从银行提取现金5 000元备用（银付1号）。

②4日，以现金购买办公用品800元（现付1号）。

③15日，采购员张大借支差旅费3 000元，以现金支付（现付2号）。

④18日，清理仓库处理废品取得现金收入400元（现收1号）。

⑤22日，以现金支付招待费880元（现付3号）。

⑥28日，张大报销差旅费2 880元，交回现金120元（现收2号）。

业务 1

付款凭证

贷方科目：银行存款　　　　2023 年 6 月 3 日　　　　银付字 1 号

摘要	借方科目		记账	金额									
	一级科目	明细科目		千	百	十	万	千	百	十	元	角	分
提现备用	库存现金							5	0	0	0	0	0
合计							¥	5	0	0	0	0	0

附件 1 张

会计主管：李宽　　审核：向华　　记账：　　出纳：唐华　　制单：赵玲

业务 2

付款凭证

贷方科目：库存现金　　　　2023 年 6 月 4 日　　　　现付字 1 号

摘要	借方科目		记账	金额									
	一级科目	明细科目		千	百	十	万	千	百	十	元	角	分
购买办公用品	管理费用								8	0	0	0	0
合计								¥	8	0	0	0	0

附件 1 张

会计主管：李宽　　审核：向华　　记账：　　出纳：唐华　　制单：赵玲

业务 3

付款凭证

贷方科目：库存现金　　　　2023 年 6 月 15 日　　　　现付字 2 号

摘要	借方科目		记账	金额									
	一级科目	明细科目		千	百	十	万	千	百	十	元	角	分
预借差旅费	其他应收款	张大						3	0	0	0	0	0
合计							¥	3	0	0	0	0	0

附件 1 张

会计主管：李宽　　审核：向华　　记账：　　出纳：唐华　　制单：赵玲

业务 4

收款凭证

借方科目：库存现金　　　　2023 年 6 月 18 日　　　　现收字 1 号

摘要	贷方科目		记账	金额									
	一级科目	明细科目		千	百	十	万	千	百	十	元	角	分
废品收入	营业外收入								4	0	0	0	0
合计								¥	4	0	0	0	0

附件 1 张

会计主管：李宽　　审核：向华　　记账：　　出纳：唐华　　制单：赵玲

业务 5

付款凭证

贷方科目：库存现金　　　　2023 年 6 月 22 日　　　　现付字 3 号

摘要	借方科目		记账	金额									
	一级科目	明细科目		千	百	十	万	千	百	十	元	角	分
支付招待费	管理费用	招待费							8	8	0	0	0
合计								¥	8	8	0	0	0

附件 1 张

会计主管：李宽　　审核：向华　　记账：　　出纳：唐华　　制单：赵玲

业务 6

收款凭证

借方科目：库存现金　　2023 年 6 月 28 日　　现收字 2 号

摘要	贷方科目		记账	金额									
	一级科目	明细科目		千	百	十	万	千	百	十	元	角	分
报销差旅费	其他应收款	张大							1	2	0	0	0
合计								¥	1	2	0	0	0

附件 1 张

会计主管：李宽　　审核：向华　　记账：　　出纳：唐华　　制单：赵玲

（2）长沙中兴有限公司 2023 年 5 月发生下列业务（银行存款日记账期初借方余额为 120 500 元），请根据下列经济业务审核记账凭证并登记银行存款日记账。

①3 日，从银行提取现金 5 000 元以备零星开支（银付字 1 号）。

②4 日，收到四方公司前欠货款 50 000 元已存入银行（银收字 1 号）。

③5 日，以银行存款偿还前欠宏达公司货款 80 000 元（银付字 2 号）。

④9 日，以银行存款支付广告费 8 500 元（银付字 3 号）。

⑤18 日，销售产品 35 100 元已收到存入银行（银收字 2 号）。

⑥20 日，以银行存款 58 500 元购买一台设备（银付字 4 号）。

⑦28 日，以银行存款支付职工工资 40 000 元（银付字 5 号）。

业务 1

付款凭证

贷方科目：银行存款　　2023 年 5 月 03 日　　银付字 1 号

摘要	借方科目		记账	金额									
	一级科目	明细科目		千	百	十	万	千	百	十	元	角	分
提现备用	库存现金							5	0	0	0	0	0
合计							¥	5	0	0	0	0	0

附件 1 张

会计主管：李宽　　审核：向华　　记账：　　出纳：唐华　　制单：赵玲

业务 2

收款凭证

借方科目：银行存款　　　　2023 年 5 月 04 日　　　　银收字 1 号

摘要	贷方科目		记账	金额									
	一级科目	明细科目		千	百	十	万	千	百	十	元	角	分
收回欠款	应收账款	四方公司					5	0	0	0	0	0	0
合计						¥	5	0	0	0	0	0	0

附件 1 张

会计主管：李宽　　审核：向华　　记账：　　出纳：唐华　　制单：赵玲

业务 3

付款凭证

贷方科目：银行存款　　　　2023 年 5 月 05 日　　　　银付字 2 号

摘要	借方科目		记账	金额									
	一级科目	明细科目		千	百	十	万	千	百	十	元	角	分
偿还货款	应付账款	宏达公司					8	0	0	0	0	0	0
合计						¥	8	0	0	0	0	0	0

附件 1 张

会计主管：李宽　　审核：向华　　记账：　　出纳：唐华　　制单：赵玲

业务 4

付款凭证

贷方科目：银行存款　　　　2023 年 5 月 09 日　　　　银付字 3 号

摘要	借方科目		记账	金额									
	一级科目	明细科目		千	百	十	万	千	百	十	元	角	分
支付广告费	销售费用	广告费						8	5	0	0	0	0
合计							¥	8	5	0	0	0	0

附件 1 张

会计主管：李宽　　审核：向华　　记账：　　出纳：唐华　　制单：赵玲

业务 5

收款凭证

借方科目：银行存款　　　　2023 年 5 月 18 日　　　　银收字 2 号

摘要	贷方科目		记账	金额									
	一级科目	明细科目		千	百	十	万	千	百	十	元	角	分
销售产品	主营业务收入						3	5	1	0	0	0	0
合计						¥	3	5	1	0	0	0	0

附件 2 张

会计主管：李宽　　审核：向华　　记账：　　出纳：唐华　　制单：赵玲

业务 6

付款凭证

贷方科目：银行存款　　　　2023 年 5 月 20 日　　　　银付字 4 号

摘要	借方科目		记账	金额									
	一级科目	明细科目		千	百	十	万	千	百	十	元	角	分
购买设备	固定资产						5	8	5	0	0	0	0
合计						¥	5	8	5	0	0	0	0

附件 2 张

会计主管：李宽　　审核：向华　　记账：　　出纳：唐华　　制单：赵玲

业务 7

付款凭证

贷方科目：银行存款　　　　2023 年 5 月 28 日　　　　银付字 5 号

摘要	借方科目		记账	金额									
	一级科目	明细科目		千	百	十	万	千	百	十	元	角	分
支付工资	应付职工薪酬						4	0	0	0	0	0	0
合计						¥	4	0	0	0	0	0	0

附件 1 张

会计主管：李宽　　审核：向华　　记账：　　出纳：唐华　　制单：赵玲

2. 要求

请以出纳唐华的身份根据审核后的收付款凭证登记现金日记账和银行存款日记账并结账。

实训二 分类账登记实训

登记三栏式分类账　登记多栏式分类账　登记数量金额式分类账

项目知识

分类账的登记要求

依据《会计基础工作规范》，分类账是用于登记企业发生的各类经济业务增减变动及其余额的账簿。根据一级会计科目设置的账簿称总分类账，它提供各类经济业务的总括情况，根据明细科目设置的账簿称明细分类账，提供各类经济业务的详细情况。总分类账对其所属的明细分类账具有统驭和控制作用，明细分类账对总分类账起着补充和说明作用。

总分类账一般采用三栏式的订本式账簿，明细分类账一般采用活页式，格式常见的有三栏式、多栏式、数量金额式三种。分类账是由会计根据审核无误的会计凭证完成登记工作的，具体登记方法如下：

（1）登记分类账时，会计应将审核无误后的会计凭证的日期、种类和编号、业务的内容摘要、金额等逐项记入账内，同时要在会计凭证上注明账簿的页数，或划“√”符号，表示已经登记入账，防止漏记、重记和错记等情况发生。

（2）账簿登记必须逐页、逐行顺序连续登记，不得隔页、跳行，若出现跳行或隔页，应将空行、空页划线注销，或者注明“此行空白”“此页空白”字样，并由记账人员和会计机构负责人（会计主管人员）负责。

（3）总分类账户与其所属的明细分类账户应该进行平行登记。平行登记的要点是指对所发生的每项交易或事项都要以会计凭证为依据，一方面记入有关总分类账户，另一方面记入有关总分类账户所属明细分类账户，即遵循依据相同、方向相同、期间相同、金额相同的基本原则。

（4）根据记账凭证和原始凭证登记明细分类账。对于只设有借方或贷方的多栏式明细分类账，平时只在借方登记成本费用类等账户的发生额或在贷方登记收入类账户的发生额，所以平时如果发生贷方发生额或借方发生额，应该用红字在多栏式账页的借方栏或贷方栏中登记表示冲减。

（5）登记总账与明细账的具体日期不一定相同，但必须在同一会计期间内进行登记。

（6）分类账需要结出期末余额，将总账期末余额与其所属明细账的期末余额之和核对相符，做到账账相符。

项目实施

一、实训目的

通过训练，掌握总分类账和明细分类账的登记方法。

二、实施内容

1. 实训背景资料

长沙中兴有限公司 2023 年 2 月 28 日各账户余额如下表所示。

长沙中兴有限公司各分类账户期末余额表

2023 年 2 月 28 日（单位：元）

总分类科目	明细分类科目	期末余额	
		借方	贷方
库存现金		4 000	
银行存款		1 200 000	
应收账款		85 000	
	国美建筑公司	85 000	
原材料		384 500	
	AKD 材料	280 000 （数量 2 000 千克，单价 140 元 / 千克）	
	BYS 材料	104 500 （数量 950 千克，单价 110 元 / 千克）	
库存商品		362 000	
应付账款			358 000
	长沙市东风工厂		138 000
	长沙市南海工厂		220 000
短期借款			200 000
应付职工薪酬			125 500
应交税费			132 000
实收资本			1 220 000
合计		2 035 500	2 035 500

长沙中兴有限公司 2023 年 3 月发生下列经济业务：

（1）4 日，从长沙市东风工厂购入 AKD 材料 500 千克，单价 140 元 / 千克，价款 70 000 元，增值税 9 100 元，材料已经验收入库，货款尚未支付（记字 1 号）。

（2）5 日，以现金购买办公用品 300 元，未取得增值税专用发票（记字 2 号）。

（3）8 日，向长沙市东风工厂购入 BYS 材料 200 千克，单价 110 元 / 千克，价款 22 000 元，增值税 2 860 元，材料已经验收入库，货款尚未支付（记字 3 号）。

（4）10 日，开具转账支票一张支付长沙市东风工厂货款 138 000 元（记字 4 号）。

（5）12 日，开具转账支票一张支付车间设备日常修理费 5 000 元（记字 5 号）。

（6）15 日，以银行存款支付本月工资 126 000 元（记字 6 号）。

（7）18 日，领用 AKD 原材料 1 200 千克，每千克 140 元，计 168 000 元，用于生产 ST 产品（记字 7 号）。

（8）20 日，向国美建筑公司销售 ST 产品，价款 240 000 元，增值税 31 200 元，尚未收到货款（记字 8 号）。

（9）31 日，计提本月车间折旧费 35 000 元，行政管理部门折旧费 25 000 元（记字 9 号）。

（10）31 日，分配本月生产人员工资 65 000 元，车间管理人员工资 20 000 元，行政管理人员工资 45 000 元（记字 10 号）。

业务 1

记账凭证

2023 年 3 月 4 日　　　　记　字第　1　号

摘要	会计科目		借方金额										贷方金额										记账（签章）
	总账科目	明细科目	千	百	十	万	千	百	十	元	角	分	千	百	十	万	千	百	十	元	角	分	
购买材料	原材料	AKD				7	0	0	0	0	0	0											
	应交税费	应交增值税（进项税额）					9	1	0	0	0	0											
	应付账款	东风工厂														7	9	1	0	0	0	0	
合计					¥	7	9	1	0	0	0	0			¥	7	9	1	0	0	0	0	

附件 2 张

会计主管：李宽　　出纳：　　审核：向华　　制单：赵玲

业务 2

记账凭证

2023 年 3 月 5 日　　　　记　字第　2　号

摘要	会计科目		借方金额										贷方金额										记账（签章）
	总账科目	明细科目	千	百	十	万	千	百	十	元	角	分	千	百	十	万	千	百	十	元	角	分	
购买办公用品	管理费用	办公费						3	0	0	0	0											
	库存现金																	3	0	0	0	0	
合计							¥	3	0	0	0	0	0	0			¥	3	0	0	0	0	

附件 1 张

会计主管：李宽　　出纳：唐华　　审核：向华　　制单：赵玲

业务 3

记 账 凭 证

2023 年 3 月 8 日　　　　记 字第 3 号

摘要	会计科目		借方金额										贷方金额										记账（签章）
	总账科目	明细科目	千	百	十	万	千	百	十	元	角	分	千	百	十	万	千	百	十	元	角	分	
购买材料	原材料	BYS				2	2	0	0	0	0	0											
	应交税费	应交增值税（进项税额）					2	8	6	0	0	0											
	应付账款	东风工厂														2	4	8	6	0	0	0	
合计					¥	2	4	8	6	0	0	0			¥	2	4	8	6	0	0	0	

附件 2 张

会计主管：李宽　　出纳：　　审核：向华　　制单：赵玲

业务 4

记 账 凭 证

2023 年 3 月 10 日　　　　记 字第 4 号

摘要	会计科目		借方金额										贷方金额										记账（签章）
	总账科目	明细科目	千	百	十	万	千	百	十	元	角	分	千	百	十	万	千	百	十	元	角	分	
支付货款	应付账款	东风工厂			1	3	8	0	0	0	0	0											
	银行存款														1	3	8	0	0	0	0	0	
合计				¥	1	3	8	0	0	0	0	0		¥	1	3	8	0	0	0	0	0	

附件 1 张

会计主管：李宽　　出纳：唐华　　审核：向华　　制单：赵玲

业务 5

记 账 凭 证

2023 年 3 月 12 日　　　　记 字第 5 号

摘要	会计科目		借方金额										贷方金额										记账（签章）
	总账科目	明细科目	千	百	十	万	千	百	十	元	角	分	千	百	十	万	千	百	十	元	角	分	
支付设备修理费	管理费用	修理费					5	0	0	0	0	0											
	银行存款																5	0	0	0	0	0	
合计						¥	5	0	0	0	0	0				¥	5	0	0	0	0	0	

附件 1 张

会计主管：李宽　　出纳：唐华　　审核：向华　　制单：赵玲

业务 6

记 账 凭 证

2023 年 3 月 15 日　　　　记 字第 6 号

摘要	会计科目		借方金额										贷方金额										记账（签章）
	总账科目	明细科目	千	百	十	万	千	百	十	元	角	分	千	百	十	万	千	百	十	元	角	分	
支付工资	应付职工薪酬				1	2	6	0	0	0	0	0											
	银行存款														1	2	6	0	0	0	0	0	
合计				¥	1	2	6	0	0	0	0	0	1	¥	1	2	6	0	0	0	0	0	

附件 1 张

会计主管：李宽　　出纳：唐华　　审核：向华　　制单：赵玲

业务 7

记 账 凭 证

2023 年 3 月 18 日　　　　记 字第 7 号

摘要	会计科目		借方金额										贷方金额										记账（签章）
	总账科目	明细科目	千	百	十	万	千	百	十	元	角	分	千	百	十	万	千	百	十	元	角	分	
领用原材料	生产成本	ST 产品			1	6	8	0	0	0	0	0											
	原材料	AKD 材料													1	6	8	0	0	0	0	0	
合计				¥	1	6	8	0	0	0	0	0		¥	1	6	8	0	0	0	0	0	

附件 1 张

会计主管：李宽　　出纳：　　审核：向华　　制单：赵玲

业务 8

记 账 凭 证

2023 年 3 月 20 日　　　　记 字第 8 号

摘要	会计科目		借方金额										贷方金额										记账（签章）
	总账科目	明细科目	千	百	十	万	千	百	十	元	角	分	千	百	十	万	千	百	十	元	角	分	
销售 ST 产品	应收账款	国美建筑			2	7	1	2	0	0	0	0											
	主营业务收入	ST 产品													2	4	0	0	0	0	0	0	
	应交税费	应交增值税（销项税额）														3	1	2	0	0	0	0	
合计				¥	2	7	1	2	0	0	0	0		¥	2	7	1	2	0	0	0	0	

附件 2 张

会计主管：李宽　　出纳：　　审核：向华　　制单：赵玲

业务 9

记 账 凭 证

2023 年 3 月 31 日　　　　记 字第 9 号

摘要	会计科目		借方金额										贷方金额										记账
	总账科目	明细科目	千	百	十	万	千	百	十	元	角	分	千	百	十	万	千	百	十	元	角	分	（签章）
计提折旧	制造费用	折旧费				3	5	0	0	0	0	0											
	管理费用	折旧费				2	5	0	0	0	0	0											
	累计折旧															6	0	0	0	0	0	0	
合计					¥	6	0	0	0	0	0	0			¥	6	0	0	0	0	0	0	

附件 1 张

会计主管：李宽　　出纳：　　审核：向华　　制单：赵玲

业务 10

记 账 凭 证

2023 年 3 月 31 日　　　　记 字第 10 号

摘要	会计科目		借方金额										贷方金额										记账
	总账科目	明细科目	千	百	十	万	千	百	十	元	角	分	千	百	十	万	千	百	十	元	角	分	（签章）
分配工资	生产成本					6	5	0	0	0	0	0											
	制造费用					2	0	0	0	0	0	0											
	管理费用	薪酬费				4	5	0	0	0	0	0											
	应付职工薪酬														1	3	0	0	0	0	0	0	
合计				¥	1	3	0	0	0	0	0	0		¥	1	3	0	0	0	0	0	0	

附件 1 张

会计主管：李宽　　出纳：　　审核：向华　　制单：赵玲

2. 要求

（1）请根据审核后的记账凭证，逐笔登记“原材料”“应付账款”账户的总分类账并结账。

（2）请根据审核后的记账凭证等资料登记“应付账款——长沙市东风工厂”“应付账款——长沙市南海工厂”三栏式明细分类账；登记“原材料——AKD 材料”“原材料——BYS 材料”数量金额式明细分类账并结账。

（3）根据“原材料”“应付账款”账户的登记过程与结果分析应付账款、原材料总账与其所属的明细账之间的关系，理解总账与明细账的平行登记的原则。

（4）请根据审核后的记账凭证登记“管理费用”多栏式明细分类账并补充登记结转本年利润的业务（假设记账凭证编号记字第 20 号），再进行结账。

实训小结

实训考核

考核项目		分值	考核内容及评分标准	自评	互评
实训态度		10 分	实训认真、服从老师统一安排，独立完成实训 好 8～10 分；一般 4～7 分；差 1～3 分；抄袭 0 分		
实训纪律		10 分	不迟到、不早退、不无故旷课，遵守实训纪律 好 8～10 分；一般 4～7 分；差 1～3 分；缺席 0 分		
实训作品	正确性	50 分	账簿填写完整、数字准确 好 36～50 分；一般 16～35 分；差 1～15 分		
	及时性	10 分	根据实训时间安排，及时完成实训任务 好 8～10 分；一般 4～7 分；差 1～3 分		
	规范性	10 分	书写整齐、清楚、规范，不乱涂乱改 好 8～10 分；一般 4～7 分；差 1～3 分		
实训总结		10 分	总结深刻、全面、字迹工整 好 8～10 分；一般 4～7 分；差 1～3 分		
总分		100 分			
教师评价					

项目四
财产清查实训

项目背景

在日常会计核算中，各种财产物资的增减变动和结存情况一般是通过填制与审核无误后的会计凭证据以登记会计账簿来了解，但即使通过账证核对、账账核对来对其正确性进行了检查，也不足以保证各种财产物资实际结存情况的真实性与准确性，因此需要对各项财产物资进行清查。

财产清查，是指对货币资金、实物资产和往来款项等财产物资进行盘点或核对，查明货币资金、实物资产和往来款项的实存数，确定其账存数与实存数是否相符的一种专门方法。

项目内容

本项目设置了一个实训即银行存款清查实训，要求掌握银行存款清查和银行存款余额调节表的编制。

实训 银行存款清查实训

项目知识

一、银行存款清查方法

银行存款的清查是通过与单位开户银行核对账目记录的方法来完成，即将从银行取回来的对账单与本单位银行存款日记账逐笔进行核对，以查明是否账实相符。

二、银行对账单与企业银行日记账不符原因

银行对账单与本单位银行存款日记账的余额如有不符，造成不符的原因主要有两方面：一方面是记账有差错，另一方面是存在未达账项。产生未达账项的原因是开户银行与企业办理结算手续在凭证传递、入账时间上的不一致。

三、未达账项的四种情况

（1）企业已入账，银行尚未入账的收款业务。
（2）企业已入账，银行尚未入账的付款业务。
（3）银行已入账，企业尚未入账的收款业务。
（4）银行已入账，企业尚未入账的付款业务。

四、编制银行存款余额调节表

通过编制银行存款余额调节表来检查银行与企业双方调整后的账面余额是否相符。

项目实施

一、实训目的

通过训练，掌握银行存款的财产清查以及银行存款余额调节表编制。

二、实施内容

1. 长沙中兴有限公司对 2023 年 11 月银行存款进行清查，11 月 30 日银行存款日记账的余额为 58 900 元，银行对账单的余额为 56 200 元。逐笔核对，发现有如下未达账项：

① 公司开出转账支票 1 200 元支付货款，银行尚未入账。
② 银行代付电费 500 元，企业尚未入账。
③ 公司收到转账支票 4 000 元已记账，银行尚未入账。
④ 银行支付企业存款利息 600 元，企业尚未入账。

要求：请根据以上资料编制银行存款余额调节表。

银行存款余额调节表

单位名称：　　　　　　　　　　　　　　日期：　　年　　月　　日
开户行及账号：　　　　　　　　　　　　　　　　　　单位：元

项目	金额	项目	金额
企业银行存款日记账余额 加：银行已收企业未收 减：银行已付企业未付		银行对账单余额 加：企业已收银行未收 减：企业已付银行未付	
调节后的存款余额		调节后的存款余额	

会计主管：　　　　　　　　　　　　　　制表：

2. 长沙中兴有限公司对 2023 年 12 月银行存款日记账、银行对账单进行清查，发现有未达账项，请根据银行存款日记账和银行对账单编制 2023 年 12 月末银行存款余额调节表。

① 2023 年 12 月银行存款日记账。

银行存款日记账

2023 年		凭证		银行凭证名称及号码	摘要	借方	贷方	余额
月	日	字	号					
12	1				期初余额			760 702
	8	记	2	现支 2121355	提取现金备用		1 000	759 702
	10	记	3	缴款单 558946	支付住房公积金		43 250	716 452
	13	记	5	电汇 2225666	采购原材料		10 132.20	706 319.80
	28	记	7	转支 0124468	发放工资		38 337	667 982.80
	28	记	8	进账单 665899	收到销货款	58 500		726 482.80
	31				本月合计	58 500	92 719.20	726 482.80

② 2023 年 12 月银行对账单。

中国工商银行远大路支行对账单

户名：长沙中兴有限公司　　币种：人民币　　第 2541 页

账号：1102023357924680000

日期	摘要	凭证种类号码	借方	贷方	余额
2023.12.01	承上月余额				760 702
12.07	现金支出	现金支票 2121355	1 000		759 702
12.08	现金支出	缴款单 558946	43 250		716 452
12.10	现金支出	信汇 101235	2 500		713 952
12.13	现金支出	电汇 2225666	10 132.20		703 819.80
12.28	现金支出	转账支票 0124470	49 150		654 669.80
12.28	现金收款	进账单 665899		58 500	713 169.80
12.31	现金收款	委托收款 3256671		65 000	778 169.80
12.31	现金支出	委托付款	45 000		733 169.80

③ 编制银行存款余额调节表。

银行存款余额调节表

单位名称：　　　　　　　　　　　　　　　　日期：　　年　　月　　日

开户行及账号：　　　　　　　　　　　　　　　　　　　　单位：元

企业银行存款日记账		银行对账单	
项目	金额	项目	金额
银行存款日记账余额		银行对账单余额	
加：银行已收，企业未收		加：企业已收，银行未收	
减：银行已付，企业未付		减：企业已付，银行未付	
调节后余额		调节后余额	

会计主管：　　　　　　　　　　　　　　　　制表：

实训小结

实训考核

考核项目		分值	考核内容及评分标准	自评	互评
实训态度		10分	实训认真、服从老师统一安排，独立完成实训 好8~10分；一般4~7分；差1~3分；抄袭0分		
实训纪律		10分	不迟到、不早退、不无故旷课，遵守实训纪律 好8~10分；一般4~7分；差1~3分；缺席0分		
实训作品	正确性	50分	项目书写完整、准确 好36~50分；一般16~35分；差1~15分		
	及时性	10分	根据实训时间安排，及时完成实训任务 好8~10分；一般4~7分；差1~3分		
	规范性	10分	书写整齐、清楚、规范，不乱涂乱改 好8~10分；一般4~7分；差1~3分		
实训总结		10分	总结深刻、全面、字迹工整 好8~10分；一般4~7分；差1~3分		
总分		100分			
教师评价					

项目五
会计报表编制实训

项目背景

企业作为市场经济的主体，其生产经营情况通过财务报表综合表现出来。财务报表是企业在日常会计核算的基础上定期编制的，综合反映财务状况、经营成果和现金流量等的书面文件。无论是企业所有者，还是企业管理者或是其他利益相关者，了解企业经营情况最便捷的方式就是查阅企业财务报表。对投资者来讲，通过看企业的盈利能力，看其发展的空间，决定是否投资；对债权人来讲，通过看企业的偿债能力，看其在将来债务到期能否拿回本利；对管理者来讲，又需综合考虑企业的盈利能力、偿债能力、资金周转率等。财务报表具有重要的意义，是大家必须掌握的内容。

项目内容

本项目共设置了两个实训，分别是资产负债表编制实训和利润表编制实训，要求初步掌握资产负债表和利润表的编制。

实训一 资产负债表编制实训

项目知识

资产负债表作为一个静态报表，其全部指标均依据相关账簿的期末余额直接或经分析、计算后填列。通常，资产负债表的各项目均需填列“年初余额”和“期末余额”两栏。其中“年初余额”栏的各项数字，应根据上年年末资产负债表“期末余额”栏的所列数字填列。如果本年度资产负债表的各项目的名称和内容与上年度不一致，应对上年年末资产负债表各个项目的名称和数字按本年度的规定进行调整，填入本年“年初余额”栏。“期末余额”则可分为月末、季末、半年末和年末，其数字可根据以下几种方法填列。

1. 根据有关总账账户的期末余额直接填列

在资产负债表中绝大部分项目都可直接根据总账账户的期末余额填写。如："交易性金融资产""短期借款""应付职工薪酬""短期借款""实收资本""资本公积"等。

2. 根据有关总账账户的期末余额分析计算填列

资产负债表中某些项目的内容涵盖范围广，应根据几个总账账户的期末余额计算填列。如"货币资金"项目，应根据"库存现金""银行存款"和"其他货币资金"等总账账户的期末余额合计填列；"存货"项目，应根据"原材料""委托加工物资""周转材料""库存商品""生产成本""在途物资"等总账账户期末余额的分析汇总数，再减去"存货跌价准备"账户余额后的净额填列；而"未分配利润"项目，平时应根据"本年利润"账户和"利润分配"账户的期末余额分析计算填列，若为负数表示未弥补亏损，在本项目内以"—"号反映。

3. 根据有关明细账户的期末余额分析计算填列

资产负债表中某些项目应根据相应几个总账账户所属明细账户余额计算填列。如"预付账款"项目，应根据"应付账款"和"预付账款"明细账户的期末借方余额合计数填列；"应付账款"项目，应根据"应付账款"和"预付账款"明细账户的期末贷方余额合计数填列；"预收账款"项目，应根据"应收账款"和"预收账款"明细账户的期末贷方余额合计数填列。

4. 根据有关总账账户和明细账户的期末余额分析、计算后填列

如"长期借款"项目，应根据"长期借款"总账账户期末余额扣除"长期借款"明细账户中将于一年内到期的部分填列。将于一年内偿还的长期借款，应当填列在流动负债下"一年内到期的非流动负债"项目中。

5. 根据有关总账账户期末余额减去备抵账户余额后的净额填列

如"应收账款""应收票据""其他应收款""存货""固定资产"等项目，应根据总账账户期末余额分别减去相应减值准备账户后的净额填列。像"固定资产"项目，应根据"固定资产"总账账户期末余额减去"累计折旧""固定资产清理"和"固定资产减值准备"备抵账户后的净额填列。

6. 报表中合计与总计项目填列

报表中的合计与总计，应根据报表项目之间的关系计算填列。如流动资产合计 + 非流动资产合计 = 资产总计；流动负债合计 + 非流动负债合计 = 负债合计；负债合计 + 所有者权益合计 = 负债和所有者权益总计。

项目实施

一、实训目的

通过实训，理解资产负债表的结构，初步掌握资产负债表的编制。

二、实施内容

1．实训背景资料

长沙中兴有限公司 2022 年 12 月 31 日有关账户余额如下表所示。

长沙中兴有限公司总分类账户期末余额表

2022 年 12 月 31 日　　　　单位：元

总分类科目	明细分类科目	余额	
		借方	贷方
库存现金		1 000	
银行存款		115 000	
其他货币资金		1 000	
交易性金融资产		14 000	
应收票据		10 000	
应收股利		10 000	
应收利息		8 000	
应收账款		23 000	
坏账准备			5 000
预付账款		6 700	
其他应收款		5 000	
在途物资		12 000	
原材料		27 000	
库存商品		20 000	
周转材料		7 000	
生产成本		6 000	
债权投资		120 000	
长期股权投资		180 000	
在建工程		35 000	
固定资产		500 000	
累计折旧			60 000
无形资产		30 000	
其他非流动资产		4 000	
短期借款			30 000

续表

总分类科目	明细分类科目	余额	
		借方	贷方
应付票据			15 000
应付账款			18 000
预收账款			4 000
其他应付款			37 180
应付职工薪酬			34 700
应交税费			60 000
应付股利			20 000
长期借款			30 000
其中：一年内到期的长期借款			5 000
实收资本			590 000
资本公积			10 000
盈余公积			60 900
利润分配（未分配利润）			159 920

2．要求

根据以上资料编制长沙中兴有限公司 2022 年 12 月 31 日资产负债表。

资产负债表　　　　会企 01 表

编制单位：　　　　年　月　日　　　　单位：元

资产	期末余额	上年年末余额	负债和所有者权益（股东权益）	期末余额	上年年末余额
流动资产：		（略）	流动负债：		（略）
货币资金			短期借款		
交易性金融资产			交易性金融负债		
衍生金融资产			衍生金融负债		
应收票据			应付票据		
应收账款			应付账款		
应收账款融资			预收款项		
预付款项			合同负债		
其他应收款			应付职工薪酬		

续表

资产	期末余额	上年年末余额	负债和所有者权益（股东权益）	期末余额	上年年末余额
存货			应交税费		
合同资产			其他应付款		
持有待售资产			持有待售负债		
一年内到期的非流动资产			一年内到期的非流动负债		
其他流动资产			其他流动负债		
流动资产合计			流动负债合计		
非流动资产：			非流动负债：		
债权投资			长期借款		
其他债权投资			应付债券		
长期应收款			其中：优先股		
长期股权投资			永续债		
其他权益工具投资			租赁负债		
其他非流动金融资产			长期应付款		
投资性房地产			预计负债		
固定资产			递延收益		
在建工程			递延所得税负债		
生产性生物资产			其他非流动负债		
油气资产			非流动负债合计		
使用权资产			负债合计		
无形资产			所有者权益（或股东权益）：		
开发支出			实收资本（或股本）		
商誉			其他权益工具		
长期待摊费用			其中：优先股		
递延所得税资产			永续债		
其他非流动资产			资本公积		
非流动资产合计			减：库存股		
			其他综合收益		
			专项储备		
			盈余公积		
			未分配利润		
			所有者权益（或股东权益）合计		
资产总计			负债和所有者权益（或股东权益）总计		

单位负责人：　　会计主管：　　复核：　　制表：

实训二 利润表编制实训

项目知识

利润表按反映利润形成的过程不同主要有两种格式：一种是单步式利润表，另一种是多步式利润表。根据我国《企业会计制度》规定，企业利润表应当采用多步式利润表格式。

多步式利润表是按照利润的性质，分层次计算利润的一种利润表。多步式利润表以“利润总额 = 营业利润 + 营业外收支净额”这一公式为理论基础，将企业利润的构成内容分别列示，反映出企业利润的形成过程。多步式利润表一般按以下几步计算利润。

第一步，以营业收入为基础，减去营业成本、税金及附加、销售费用、管理费用、研发费用、财务费用、信用减值损失、资产减值损失，加上其他收益、投资收益（减去投资损失）、净敞口套期收益（减去净敞口套期损失）、公允价值变动收益（减去公允价值变动损失）、资产处置收益（减去资产处置损失）计算出营业利润；

第二步，以营业利润为基础，加上营业外收入，减去营业外支出，计算出利润总额；

第三步，以利润总额为基础，减去所得税费用，计算出净利润（或净亏损）。

多步式利润表按利润的性质分步计算利润，利润表中的收入和费用合理配比，反映了净利润各要素之间的内在联系，便于报表使用者进行盈利分析和预测企业的盈利能力。

项目实施

一、实训目的

通过实训，理解利润表的结构，掌握利润表的编制。

二、实施内容

1. 实训背景资料

长沙中兴公司 2022 年 12 月有关收入费用类项目的发生额如下表所示。

长沙中兴有限公司各损益账户发生额

2022 年 12 月　　单位：元

账户名称	本月借方发生额	本月贷方发生额
主营业务收入		1 100 000
其他业务收入		70 000
其他业务成本	35 000	
主营业务成本	800 000	
税金及附加	18 000	
销售费用	4 000	
管理费用	22 000	
财务费用	2 700	700
其中：利息收入		700
利息支出	2 400	
投资收益	1 000	17 000
营业外收入		3 000
营业外支出	2 000	
所得税费用	76 500	
合计	961 200	1 190 700

2．要求

根据上述资料填列长沙中兴有限公司 2022 年 12 月利润表。

利润表　　会企 02 表

编制单位：　　年　　月　　单位：元

项目	本期金额	上期金额
一、营业收入		（略）
减：营业成本		
税金及附加		
销售费用		
管理费用		
研发费用		
财务费用		
其中：利息费用		
利息收入		
加：其他收益		
投资收益（损失以“-”填列）		
其中：对联营企业和合营企业的投资收益		

续表

项目	本期金额	上期金额
以摊余成本计量的金融资产终止确认收益（损失以“-”填列）		
净敞口套期收益（损失以“-”填列）		
公允价值变动收益（损失以“-”填列）		
信用减值损失（损失以“-”填列）		
资产减值损失（损失以“-”填列）		
资产处置收益（损失以“-”填列）		
二、营业利润（亏损以“-”号填列）		
加：营业外收入		
减：营业外支出		
三、利润总额（亏损总额以“-”号填列）		
减：所得税费用		
四、净利润（净亏损以“-”号填列）		
（一）持续经营净利润（净亏损以“-”号填列）		
（二）终止经营净利润（净亏损以“-”号填列）		
五、其他综合收益的税后净额		
（一）不能重分类进损益的其他综合收益		
1. 重新计量设定受益计划变动额		
2. 权益法下不能转损益的其他综合收益		
3. 其他权益工具投资公允价值变动		
4. 企业自身信用风险公允价值变动		
……		
（二）将重分类进损益的其他综合收益		
1. 权益法下可转损益的其他综合收益		
2. 其他债权投资公允价值变动		
3. 金融资产重分类计入其他综合收益的金额		
4. 其他债权投资信用减值准备		
5. 现金流量套期		
6. 外币财务报表折算差额		
……		
六、综合收益总额		
七、每股收益		
（一）基本每股收益		
（二）稀释每股收益		

单位负责人：　　　　　　会计主管：　　　　　　复核：　　　　　　制表：

实训小结

实训考核

考核项目		分值	考核内容及评分标准	自评	互评
实训态度		10 分	实训认真、服从老师统一安排，独立完成实训 好 8 ~ 10 分；一般 4 ~ 7 分；差 1 ~ 3 分；抄袭 0 分		
实训纪律		10 分	不迟到、不早退、不无故旷课，遵守实训纪律 好 8 ~ 10 分；一般 4 ~ 7 分；差 1 ~ 3 分；缺席 0 分		
实训作品	正确性	50 分	报表项目填写完整、数字准确 好 36 ~ 50 分；一般 16 ~ 35 分；差 1 ~ 15 分		
	及时性	10 分	根据实训时间安排，及时完成实训任务 好 8 ~ 10 分；一般 4 ~ 7 分；差 1 ~ 3 分		
	规范性	10 分	书写整齐、清楚、规范，不乱涂乱改 好 8 ~ 10 分；一般 4 ~ 7 分；差 1 ~ 3 分		
实训总结		10 分	总结深刻、全面、字迹工整 好 8 ~ 10 分；一般 4 ~ 7 分；差 1 ~ 3 分		
总分		100 分			
教师评价					

第三部分

基础会计技能综合实训

项目

账务处理程序综合运用实训

项目背景

本实训是在学习了《基础会计》课程基础上，为熟练掌握记账原理、熟悉会计核算流程，提高实操能力而设置。实训中所用的各种原始凭证均模拟实务中会计人员核算使用的真实单据仿真制作而成。

项目内容

本项目共设置了八个子项目，从实训说明到装订，要求学生能根据背景企业发生的一个月的经济业务填制和审核会计凭证，登记会计账簿，编制会计报表，最后进行装订。

实训最终成果将呈现为背景企业装订好的一个月的凭证、账簿和报表及个人实训报告。

德技并修

解析“会计”二字，看不做假账

会计的繁体字为“會計”。“會”字上面是“人”，下面是省略两点的“曾”，曾是“增”的假借字，表示增益，“會”便是“增加”“汇总”的意思；“計”字左边是“言”，指直言，即心声，是如实反映的意思，表明诚实无欺；“計”右边是“十”，是数字的意思，合起来看，“計”便是通过数字来反映实际情况。几千年前的古人早已将会计职业道德刻入文字中，寓意勿做假账。

古往今来，诚信，乃会计之本。没有信用，也就没有会计。诚实守信、不做假账是会计工作的灵魂，作为会计人员要时刻牢记。

实训一 实训说明

一、实训准备

为了完成好本实训，在实训前每位同学应配备以下物品：

（1）记账凭证 40 张。

（2）银行日记账 2 张。

（3）现金日记账 2 张。

（4）总账 25 张。

（5）三栏明细账 4 张。

（6）多栏式明细账 4 张。

（7）数量金额式明细账 4 张。

（8）科目汇总表 3 张。

（9）资产负债表、利润表各 2 张。

（10）夹子 1 个（宽度约 3cm）。

（11）凭证封面、封底、包角 2 套。

另外每班还需配备：会计凭证装订机 1 台，铆管、胶棒、剪刀、回形针、大夹子等若干。

二、实训注意事项

（1）会计书写规范。

（2）会计资料卷面与环境保持整洁。

（3）实训计算过程中分配率保留小数点后四位，金额保留小数点后两位。

实训二 企业相关资料

长沙中兴有限公司 2023 年 10 月 1 日账户余额及账页格式如下表所示。

长沙中兴有限公司 2023 年 10 月 1 日账户余额及账页格式一览表

总分类科目	明细分类科目	金额		账页格式
		借方	贷方	
库存现金		3 000.00		三栏式总账、日记账
银行存款		864 000.00		三栏式总账、日记账
交易性金融资产		260 746.00		三栏式总账
应收账款		20 000.00		三栏式总账
	湖南光大贸易公司	12 000.00		三栏式明细账
	长沙正信公司	8 000.00		三栏式明细账

续表

总分类科目	明细分类科目	金额		账页格式
		借方	贷方	
原材料		22 000.00		三栏式总账
	AKD 材料	14 000.00 （100 千克，140 元 / 千克）		数量金额式明细账
	BYS 材料	8 000.00 （80 千克，100 元 / 千克）		数量金额式明细账
库存商品		165 000.00		三栏式总账
	ST 产品	135 000.00 （300 件，450 元 / 件）		数量金额式明细账
	TM 产品	30 000.00 （100 件，300 元 / 件）		数量金额式明细账
周转材料		4 000.00		三栏式总账
生产成本		31 500.00		三栏式总账
	ST 产品	直接材料 18 000.00 直接人工 12 000.00 制造费用 1 500.00		略
固定资产		2 056 000.00		三栏式总账
累计折旧			45 000.00	三栏式总账
短期借款			50 000.00	三栏式总账
应付账款			81 200.00	三栏式总账
	长沙市南海工厂		1 200.00	三栏式明细账
	长沙市东风工厂		80 000.00	三栏式明细账
应付职工薪酬			91 546.00	三栏式总账
应交税费			3 600.00	三栏式总账
实收资本			2 936 000.00	三栏式总账
盈余公积			178 000.00	三栏式总账
利润分配			40 900.00	三栏式总账
	未分配利润		40 900.00	（略）
合计		3 426 246.00	3 426 246.00	

实训三 ▶建账

根据长沙中兴有限公司会计账户信息和账簿类型信息，进行2023年10月初的建账工作。

一、建账总体说明

建账

（1）账簿启用日期为：2023 年 10 月 1 日。

（2）用黑色签字笔进行填写。

二、总分类账

（1）填写账簿启用表。

（2）按照会计科目表的一级科目设置总分类账账页，每张账页设置一个总分类账科目，并按会计科目表顺序依次填写。

三、明细分类账

明细分类账也称明细账，实务中，明细分类账多采用活页式，一般到年底时统一装订成册。

长沙中兴有限公司设置以下三种明细账，具体建账操作如下。

1. 三栏式明细账

用于核算资本、债权、债务账户的明细发生情况，按各个明细科目设置账页，每张账页设置一个明细账。

注：本实训只需开设应收账款（湖南光大贸易公司、长沙正信公司）和应付账款（长沙市南海工厂、长沙市东风工厂）四个三栏式明细分类账。

2. 数量金额式明细账

用于核算库存商品、原材料等明细发生情况，按明细科目每张账页设置一个明细账。

注：（1）本实训只需开设原材料（AKD 材料、BYS 材料）和库存商品（ST 产品、TM 产品）四个数量金额式明细分类账。

（2）存货单价保留两位小数。

3. 多栏式明细账

用于核算生产成本、制造费用和期间费用明细发生情况。

注：本实训只需开设管理费用多栏式明细分类账。

四、日记账

（1）按会计科目表的库存现金科目设置库存现金日记账。

（2）按会计科目表的银行存款科目设置银行存款日记账。

实训四 填制和审核会计凭证

一、长沙中兴有限公司 2023 年 10 月发生的经济业务

1. 1 日，从银行提取现金 8 000 元备用。（提示：填制表 1-1）

2. 2 日，从长沙市东风工厂购入一批材料，款项未付，材料已验收入库，产生的增值税专用发票如表 2-1 所示。（提示：填制表 2-2）

3. 2 日，向长沙九华有限公司（地址：长沙县星沙大道 56 号，电话：0731-86832666，开户银行：中国工商银行星沙支行，账号：1102025556667774321，纳税人登记号：914305393631272301）销售 ST 产品 250 件，单价为 800 元，增值税税率为 13%，收到货款（表 3-1）。（提示：填制表 3-2、表 3-3）

4. 3 日，偿付前欠长沙市南海工厂货款 1 200 元（如表 4-1，表 4-2），长沙市东风工厂货款 80 000 元（表 4-3，表 4-4）。

5. 3 日，行政部王宁出差预借差旅费 5 000 元，以现金付讫。（提示：填制表 5-1）

6. 7 日，生产车间生产工人李明领用 AKD 材料 261 千克、BYS 材料 120 千克，用于 ST 产品生产；领用 BYS 材料 10 千克为车间一般耗用。（提示：填制表 6-1、表 6-2、表 6-3）

7. 8 日，收到湖南光大贸易公司（地址：长沙市芙蓉中路 77 号，电话：0731-84832818，开户银行：中国工商银行长沙芙蓉支行，账号：1102024365871234557，纳税人登记号：914303293674573223）偿付前欠货款 12 000 元（表 7-1）。

8. 8 日，发放上月职工薪酬，实发薪酬 91 546 元，如表 8-1，表 8-2，表 8-3 所示。

9. 9 日，行政部王宁报销差旅费，并退回剩余现金，差旅费报销单如表 9-1 所示。（提示：填制表 9-2）

10. 10 日，向长沙市慈善总会捐款 5 000 元，收据如表 10-1，表 10-2 所示，开出转账支票支付。（提示：填制表 10-3，存根入账）

11. 11 日，从长沙市南海工厂购入材料一批，款项未付，材料尚未到达入库，产生的增值税专用发票如表 11-1 所示。

12. 15 日，上述从长沙市南海工厂所购材料验收入库。（提示：填制表 12-1）

13. 15 日，生产车间领用 BYS 材料 200 千克，用于 TM 产品生产。（提示：填制表 13-1）

14. 17 日，企业因雷击损失 AKD 材料 100 千克。（提示：填制表 14-1）

15. 18 日，购买办公用品，直接交付相关部门使用。发票等如表 15-1，表 15-2，表 15-3，表 15-4 所示。

16. 18 日，向湖南光大贸易公司（地址：长沙市芙蓉中路 77 号，电话：0731-84832818，开户银行：中国工商银行芙蓉支行，账号：1102024365871234557，纳税人登记号：914303293674573223）销售 ST 产品 100 件，单价 800 元，增值税税率为 13%，款项暂未收到。（提示：填制表 16-1，表 16-2）

17．21 日，支付本月电费（表 17-1，表 17-2），分配本月电费，电费按电表分配：车间用电 1 200 度，销售部用电 400 度，行政管理部门用电 640 度。（提示：填制表 17-3）

18．28 日，收到湖南光大贸易公司（地址：长沙市芙蓉中路 77 号，电话：0731-84832818，开户银行：中国工商银行长沙芙蓉支行，账号：1102024365871234557，纳税人登记号：914303293674573223）货款 90 400 元，如表 18-1 所示。

19．28 日，发生广告费 1 000 元，收到发票如表 19-1 所示，支付凭证如表 19-2，表 19-3 所示。

20．31 日，分配本月应付职工薪酬 91 773 元，其中：生产工人工资 60 900 元（按照产品生产工时进行分配，本月 ST 产品生产工时为 2 140 小时，TM 产品生产工时为 1 070 小时），车间管理人员工资 11 920 元，企业管理人员工资 18 953 元。（提示：将表 20-1 填制完整）

21．31 日，计提本月固定资产折旧。（提示：将表 21-1 填制完整）

22．31 日，按照产品生产工时进行分配结转本月制造费用。（提示：填制表 22-1）

23．31 日，本月完工 ST 产品 200 件，结转其成本 97 080 元（其中：直接材料 44 840 元，直接人工 41 600 元，制造费用 10 640 元）。TM 产品月末全部未完工。（提示：填制表 23-1 和表 23-2）

24．31 日，结转已销产品成本。（提示：填制表 24-1）

25．31 日，计提本月短期借款利息，年利率为 5.4%。（提示：填制表 25-1）

26．31 日，在 17 日损失的 AKD 材料清理处置完毕，处理意见如表 26-1 所示。

27．31 日，结转本期损益。（提示：填制表 27-1）

28．31 日，计算本月应交企业所得税，适用税率 25%。（提示：填制表 28-1）

29．31 日，结转本月所得税费用。

二、操作指南

1．将每笔业务的原始凭证裁剪下来，按要求规范填制进行整理并审核，再根据审核无误的原始凭证填制记账凭证。

2．记账凭证填制完成后，将同一笔业务的原始凭证及记账凭证整理在一起，再按凭证号的先后顺序将凭证排序。

原始凭证

表 1

中国工商银行 现金支票存根（湘） VI II 01517216 附加信息	本支票付款期十天	中国工商银行现金支票（湘） VI II 01517216
		出票日期（大写） 年 月 日 付款行名称:
		收款人: 出票人账号:
		人民币（大写） | 千 | 百 | 十 | 万 | 千 | 百 | 十 | 元 | 角 | 分
出票日期 年 月 日		用途: 科目（借）
收款人:		上列款项请从 对方科目（贷）
金额:		我账户内支付 付讫日期 年 月 日
用途:		出票人签章 出纳 复核 记账
单位主管 会计		长沙中兴有限公司 财务专用章　杨天印云

表 2-1

湖南增值税专用发票

（全国统一发票监制章 湖南 国家税务总局监制）

430365489560

No 00685751

发票联

开票日期：2023 年 10 月 02 日

购买方	名　　称：长沙中兴有限公司 纳税人识别号：914301113294757496 地址、电话：长沙市远大一路 96 号、0731-84846158 开户行及账号：中国工商银行长沙远大路支行 1102021357924680000				密码区	5489—1<9—7—61596284 8<032/52>9/29533—4974 2489<8—3024>82906—2 —47—6<7>2*—/>*>6	
货物或应税劳务、服务名称	规格型号	单位	数量	单价	金额	税率	税额
AKD 材料		千克	400	140.00	56 000.00	13%	7 280.00
BYS 材料		千克	120	110.00	12 000.00	13%	1 560.00
合计					¥68 000.00		¥8 840.00
价税合计（大写）	人民币柒万陆仟捌佰肆拾元整				（小写）¥76 840.00		
销售方	名　　称：长沙市东风工厂 纳税人识别号：914303363748567927 地址、电话：长沙市韶山南路 296 号 0731-85489678 开户行及账号：中国工商银行长沙砂子塘支行 1102022134589525685				备注	长沙市东风工厂 914303363748567927 发票专用章	

第二联：发票联 购货单位记账凭证

收款人：陈怡静　　复核：李奕　　开票人：吴翼　　销货方：（章）

表 2-2

长沙中兴有限公司收料单

供货单位：　　　　　　　　　　　　　　　　　　　　　　　　凭证编号：收　号

发票编号：　　　　　　　　　　年　月　日　　　　　　　　　收料仓库：1 仓库

类别	编号	名称	规格	单位	数量		实际成本			
					应收	实收	单价	金额	运费	合计
合计										

主管：　　　　　　记账：　　　　　　仓库保管：　　　　　　经办人：

表 3-1

中国工商银行 网上银行电子回单

打印日期：2023 年 10 月 02 日

付款人	户名	长沙九华有限公司	收款人	户名	长沙中兴有限公司
	账号	1102025556667774321		账号	1102021357924680000
	开户行	中国工商银行星沙支行		开户行	中国工商银行长沙远大路支行
金额（大写）		人民币贰拾贰万陆仟元整	金额（小写）		¥226 000.00
结算方式		网银业务	业务种类		货款
交易流水号		3516000156864663	时间戳		2023-10-02 16:30:20
中国工商银行 电子回单 专用章		打印柜员：32298623901 打印机构：中国工商银行长沙远大路支行			

表 3-2

销　售　单

年　月　日　　　　　　　　　　　　　　　　№：000666

购货单位	名称			纳税识别号			
	地址电话			开户银行及账号			
货物或劳务名称		规格型号	单位	数量	单价	金额	备注
合计							
销售人员				销售主管			

⑤财务部门

表 3-3

湖南增值税专用发票

430004554648　　　　№ 00095641

记账联

开票日期：　　年　　月　　日

购买方	名　　称： 纳税人识别号： 地址、　电话： 开户行及账号：					密码区	3654—1<9—7—61596284 8<032/52>9/29533—4974 1626<8—3024>82906—2 —47—6<7>2*—/>*>6	
货物或应税劳务、服务名称	规格型号	单位	数量	单价	金　额	税率	税　额	
合计								
价税合计（大写）					（小写）			
销售方	名　　称： 纳税人识别号： 地址、　电话： 开户行及账号：					备注		

收款人：　　　复核：　　　开票人：　　　销货方：（章）

第三联：记账联　销货单位记账凭证

表 4-1

付款申请书

2023 年 10 月 03 日

用途及情况	金额											收款单位：长沙市南海工厂
偿还货款	亿	千	百	十	万	千	百	十	元	角	分	账号：1102022134589525685
					¥	1	2	0	0	0	0	开户行：中国工商银行长沙远大路支行
金额（大写）合计	人民币壹仟贰佰元整											结算方式：网银转账

总经理	杨云天	财务部门	经理	李宽	业务部门	经理	陈斌
			会计	赵玲		经办人	张大

表 4-2

中国工商银行 网上银行电子回单

打印日期：2023 年 10 月 03 日

付款人	户名	长沙中兴有限公司	收款人	户名	长沙市南海工厂
	账号	1102021357924680000		账号	1102022134589525685
	开户行	中国工商银行长沙远大路支行		开户行	中国工商银行长沙远大路支行
金额（大写）		人民币壹仟贰佰元整	金额（小写）		¥1 200.00
结算方式		网银业务	业务种类		货款
交易流水号		361562325871345	时间戳		2023-10-03 10:35:12
		打印柜员：32298623901 打印机构：中国工商银行长沙远大路支行			

表 4-3

付款申请书

2023 年 10 月 03 日

<table>
<tr><td colspan="2">用途及情况</td><td colspan="11">金额</td><td colspan="3">收款单位：长沙市东风工厂</td></tr>
<tr><td colspan="2" rowspan="2">偿还货款</td><td>亿</td><td>千</td><td>百</td><td>十</td><td>万</td><td>千</td><td>百</td><td>十</td><td>元</td><td>角</td><td>分</td><td colspan="3">账号：1102022134589525685</td></tr>
<tr><td></td><td></td><td></td><td>¥</td><td>8</td><td>0</td><td>0</td><td>0</td><td>0</td><td>0</td><td>0</td><td colspan="3">开户行：中国工商银行长沙砂子塘支行</td></tr>
<tr><td colspan="2">金额（大写）合计</td><td colspan="12">人民币捌万元整</td><td colspan="2">结算方式：网银转账</td></tr>
<tr><td rowspan="2">总经理</td><td rowspan="2">杨云天</td><td colspan="3" rowspan="2">财务部门</td><td colspan="4">经理</td><td colspan="4">李宽</td><td rowspan="2">业务部门</td><td>经理</td><td>陈斌</td></tr>
<tr><td colspan="4">会计</td><td colspan="4">赵玲</td><td>经办人</td><td>张大</td></tr>
</table>

表 4-4

中国工商银行 网上银行电子回单

打印日期：2023 年 10 月 03 日

付款人	户名	长沙中兴有限公司	收款人	户名	长沙市东风工厂
	账号	1102021357924680000		账号	1102022134589525685
	开户行	中国工商银行长沙远大路支行		开户行	中国工商银行长沙砂子塘支行
金额（大写）		人民币捌万元整	金额（小写）		¥80 000.00
结算方式		网银业务	业务种类		货款
交易流水号		361562325871395	时间戳		2023-10-03 11:13:02
中国工商银行 电子回单专用章		打印柜员：32298623901 打印机构：中国工商银行长沙远大路支行			

表 5-1

长沙中兴有限公司借款单

年　　月　　日

借款人		所属部门	
借款金额			
借款用途			
部门负责人审批		借款人（签章）	
财务部门审核			
批准人			

表 6-1

领 料 单

领料单位：　　　　　　　　　　　　年　　月　　日　　　　　　　　　　　　___发料第___号

类别	编号	名称	规格	单位	数量		单价	金额
					请领	实发		
用途					领料部门		发料部门	
					负责人	领料人	核准人	发料人

表 6-2

领 料 单

领料单位：　　　　　　　　　　　　年　　月　　日　　　　　　　　　　　　___发料第___号

类别	编号	名称	规格	单位	数量		单价	金额
					请领	实发		
用途					领料部门		发料部门	
					负责人	领料人	核准人	发料人

表 6-3

领 料 单

领料单位：　　　　　　　　　　　　年　　月　　日　　　　　　　　　　　　___发料第___号

类别	编号	名称	规格	单位	数量		单价	金额
					请领	实发		
用途					领料部门		发料部门	
					负责人	领料人	核准人	发料人

表 7-1

中国工商银行 网上银行电子回单

打印日期：2023 年 10 月 08 日

付款人	户名	湖南光大贸易公司	收款人	户名	长沙中兴有限公司
	账号	1102024365871234557		账号	1102021357924680000
	开户行	中国工商银行长沙芙蓉支行		开户行	中国工商银行长沙远大路支行
金额（大写）		人民币壹万贰仟元整	金额（小写）		¥12 000.00
结算方式		网银业务	业务种类		货款
交易流水号		361562325873395	时间戳		2023-10-08 16:33:42
中国工商银行 电子回单专用章		打印柜员：32298623902 打印机构：中国工商银行长沙远大路支行			

表 8-1

付款申请书

2023 年 10 月 08 日

用途及情况	金额											收款单位（人）：批量代付		
发放职工上月工资，直接转入个人银行卡	亿	千	百	十	万	千	百	十	元	角	分	账号：（略）		
				¥	9	1	5	4	6	0	0	开户行：中国工商银行长沙远大路支行		
金额（大写）合计	人民币玖万壹仟伍佰肆拾陆元整											结算方式：网银转账		

总经理	杨云天	财务部门	经理	李宽	业务部门	经理	张连勇
			会计	赵玲		经办人	王宁

表 8-2

中国工商银行 网上银行电子回单

打印日期：2023 年 10 月 08 日

付款人	户名	长沙中兴有限公司	收款人	户名	批量代付
	账号	1102021357924680000		账号	（略）
	开户行	中国工商银行长沙远大路支行		开户行	中国工商银行长沙远大路支行
金额（大写）		人民币玖万壹仟伍佰肆拾陆元整	金额（小写）		¥91 546.00
结算方式		网银转账	业务种类		发放工资
交易流水号		361562325874769	时间戳		2023-10-08 15:13:22
中国工商银行 电子回单专用章		打印柜员：32298623901 打印机构：中国工商银行长沙远大路支行			

表 8-3

特色业务中国工商银行长沙远大路支行批量成功代付清单

2023 年 10 月 08 日

账号	姓名	金额
6222022395645687546	杨云天	8 564.15
6222021239875684795	李宽	6 324.23
6222021548795846852	向华	5 642.12
以下略	……	……
合计		¥91 546.00

表 9-1

长沙中兴有限公司

差旅费报销单

部门：行政部　　填报日期：2023 年 10 月 09 日　　金额单位：元

姓名	王宁	职级	科员	出差事由	开会	出差天数	计划 6 天 实际 6 天	备注

城市间交通费						其他费用					备注
日期		起讫地点		飞机、车、船费		项目		标准	计算天数	核报金额	
月	日	起	讫	类别	金额	伙食补助费	Ⅰ	100 元 / 天	6	600.00	
10	3	长沙	广州	高铁	314.00		Ⅱ				
10	8	广州	长沙	高铁	314.00	市内交通费	Ⅰ	50 元 / 天	6	300.00	附件 3 张
							Ⅱ				
						住宿费		388 元 / 天	5	1 940.00	
						其他杂项					
小计				628.00						2 840.00	
总计金额：⊗ 万 叁 仟 肆 佰 陆 拾 捌 元 零 角 零 分（大写）						预借数 ¥5 000.00　核报数 ¥3 468.00　退或补 ¥1 532.00					

总经理：杨云天　　财务负责人：李宽　　部门负责人：张连勇　　填报人：王宁

（注：差旅费报销单后应附有住宿发票及往返火车票等，为减少篇幅，此处仅提供报销单。）

表 9-2

收　款　收　据

No：0512056

年　月　日

今收到 ________________

人民币 ________________

系　付 ________________

第三联 记账联

单位盖章：　　会计：　　出纳：　　经手人：

表 10-1

湖南省民间组织专用收据

2023 年 10 月 10 日　　　　No：051013398

交款单位（个人）：长沙中兴有限公司						支付方式：转账			
收入项目	标　准	金　额							
		十	万	千	百	十	元	角	分
1. 会费									
2. 捐赠、自助				5	0	0	0	0	0
3. 代收代办收款									
合　计			¥	5	0	0	0	0	0
人民币（大写）伍仟元整									

单位（公章）：长沙市慈善总会　　经办人：潘洁　　负责人：张谦

表 10-2

付款申请书

2023 年 10 月 10 日

用途及情况	金额											收款单位：长沙市慈善总会			
发放职工上月工资，直接转入个人银行卡	亿	千	百	十	万	千	百	十	元	角	分	账号：62284810568264016			
					¥	5	0	0	0	0	0	开户行：中国农业银行长沙东岸支行			
金额（大写）合计	人民币伍仟元整											结算方式：网银转账			
总经理	杨云天	财务部门		经理	李宽	会计	赵玲	业务部门				经理	张连勇	经办人	王宁

表 10-3

中国工商银行 现金支票存根（湘） VI II 01517211 附加信息	中国工商银行转账支票（湘）　VI II 01517211
	本支票付款期十天
	出票日期（大写）　　年　月　日　付款行名称：
	收款人：　　　　出票人账号：
	人民币（大写）　　千 百 十 万 千 百 十 元 角 分
出票日期　年　月　日	
收款人：	用途：　　　　科目（借）
金额：	上列款项请从　　　　对方科目（贷）
用途：	我账户内支付　　　　付讫日期　年　月　日
单位主管　会计	出票人签章　　　　出纳　复核　记账

表 11-1

湖南增值税专用发票

全国统一发票监制 湖南 国家税务总局监制

430006548798

发票联

No 00085469

开票日期：2023 年 10 月 11 日

购买方	名　　称：长沙中兴有限公司 纳税人识别号：914301113294757496 地址、电话：长沙市远大一路 96 号　0731-84846158 开户行及账号：中国工商银行长沙远大路支行　1102021357924680000					密码区	6664—1<9—7—61596284 8<032/52>9/29533—4974 1626<8—3024>82906—2 —47—6<7>2*—/>*>6	
货物或应税劳务、服务名称	规格型号	单位	数量	单价	金额	税率	税额	
AKD 材料		千克	600	140.00	84 000.00	13%	10 920.00	
BYS 材料		千克	330	100.00	33 000.00	13%	4 290.00	
合计					¥117 000.00		¥15 210.00	
价税合计（大写）	人民币壹拾叁万贰仟贰佰壹拾元整				（小写）¥132 210.00			
销售方	名　　称：长沙市南海工厂 纳税人识别号：914301253794057211 地址、电话：长沙市远大一路 134 号　0731-84845678 开户行及账号：中国工商银行长沙远大路支行　1102022134589525685					备注	长沙市南海工厂 914301253794057211 发票专用章	

第二联：发票联　购货单位记账凭证

收款人：刘山　　复核：陈光　　开票人：陈浩　　销货方：（章）

表 12-1

收 料 单

供货单位:　　　　　　　　　　　　凭证编号：收　号

发票编号:　　　　年　月　日　　　　收料仓库：1 仓库

类别	编号	名称	规格	单位	数量		实际成本			
					应收	实收	单价	金额	运费	合计
		合计								

主管:　　　　记账:　　　　仓库保管:　　　　经办人:

表 13-1

领　料　单

领料单位:　　　　　　　　　　　　年　　月　　日　　　　　　　　　____发料第____号

类别	编号	名称	规格	单位	数量		单价	金额
					请领	实发		
用途					领料部门		发料部门	
					负责人	领料人	核准人	发料人

表 14-1

实存账存对比表

单位名称：长沙中兴有限公司　　　　2023 年 10 月 17 日　　　　编号：01

编号	名称规格	单价	实存		账存		差异				备注
							盘盈		盘亏		
			数量	金额	数量	金额	数量	金额	数量	金额	
	AKD 材料		739		839				100		

盘点人签章：张三　　　　　　　　会计签章：

表 15-1

湖南增值税普通发票

全国统一发票监制章 国家税务总局监制

430017213057　　　　No 00069678

发票联

开票日期：2023 年 10 月 18 日

购买方	名　　称：长沙中兴有限公司 纳税人识别号：914301113294757496 地址、电话：长沙市远大一路 96 号　0731-84846158 开户行及账号：中国工商银行长沙远大路支行　110202135792468000	密码区	3546—1<9—7—61596284 8<032/52>9/29533—4974 1626<8—3024>82906—2 —47—6<7>2*—/>*>6

货物或应税劳务、服务名称	规格型号	单位	数量	单价	金额	税率	税额
惠普 680 墨盒		个	50	95.00	4750.00	1%	47.50
得力 A4 复印纸		箱	50	16.00	800.00	1%	8.00
合计					¥5 550.00		¥55.50
价税合计（大写）	人民币伍仟陆佰零伍元伍角整				（小写）¥5605.50		

销售方	名　　称：长沙市万佳百货有限公司 纳税人识别号：914333573359274628 地址、电话：长沙市人民中路 328 号　0731-85498026 开户行及账号：中国工商银行长沙人民中路支行　1102022135792456875	备注	长沙市万佳百货有限公司 914333573359274628 发票专用章

收款人：李发　　　复核：万余　　　开票人：李莎　　　销货方：（章）

第二联：发票联　购货单位记账凭证

表 15-2

付款申请书

2023 年 10 月 18 日

用途及情况	金额											收款单位：长沙市万佳百货有限公司
偿还货款	亿	千	百	十	万	千	百	十	元	角	分	账号：1102022135792456875
					¥	5	6	0	5	5	0	开户行：中国工商银行长沙人民中路支行
金额（大写）合计	人民币伍仟陆佰零伍元伍角整											结算方式：网银转账

总经理	杨云天	财务部门	经理	李宽	业务部门	经理	陈斌
			会计	赵玲		经办人	张大

表 15-3

中国工商银行 网上银行电子回单

打印日期：2023 年 10 月 18 日

付款人	户名	长沙中兴有限公司	收款人	户名	长沙市万佳百货有限公司
	账号	1102021357924680000		账号	1102022135792456875
	开户行	中国工商银行长沙远大路支行		开户行	中国工商银行长沙人民中路支行
金额（大写）		人民币伍仟陆佰零伍元伍角整	金额（小写）		¥5 605.50
结算方式		网银业务	业务种类		货款
交易流水号		361562335487645	时间戳		2023-10-18 10:35:24
中国工商银行 电子回单专用章		打印柜员：32298623908 打印机构：中国工商银行长沙远大路支行			

表 15-4

办公用品领用单

2023 年 10 月 18 日

领用部门	惠普 680 墨盒		得力 A4 复印纸		领用人	合计（元）
	数量（个）	金额（元）	数量（个）	金额（元）		
财务部	20	1 900.00	20	320.00	唐华	2 220.00
销售部	10	950.00	10	160.00	吴清	1 110.00
行政部	10	950.00	10	160.00	王宁	1 110.00
生产部	10	950.00	10	160.00	黎佳	1 110.00
合计		¥4 750.00		¥800.00		¥5 550.00

表 16-1

销 售 单

年　　月　　日　　　　　　　　No：000667

购货单位	名称		纳税识别号			
	地址电话		开户银行及账号			
货物或劳务名称	规格型号	单位	数量	单价	金　额	备注
合　计						
销售人员		销售主管				

⑤财务部门

表 16-2

湖南增值税专用发票

全国统一发票监制章 湖南 国家税务总局监制

430004566482　　　　No 00095646

记账联

开票日期：　　年　月　日

购买方	名　　称： 纳税人识别号： 地址、　电话： 开户行及账号：					密码区	2458—1<9—7—61596284 8<032/52>9/29533—4974 1626<8—3024>82906—2 —47—6<7>2*—/>*>6	
货物或应税劳务、服务名称	规格型号	单位	数量	单价	金　额		税率	税　额
合计								
价税合计（大写）					（小写）			
销售方	名　　称： 纳税人识别号： 地址、　电话： 开户行及账号：					备注		

收款人：　　　　复核：　　　　开票人：　　　　销货方：（章）

第三联：记账联　销货单位记账凭证

表 17-1

湖南增值税专用发票

全国统一发票监制章 国家税务总局监制

430017213023　　　　发票联　　　　№ 00795351

开票日期：2023 年 10 月 21 日

购买方	名　　称：长沙中兴有限公司 纳税人识别号：914301113294757496 地址、　电话：长沙市远大一路 96 号、0731-84846158 开户行及账号：中国工商银行长沙远大路支行 1102021357924680000	密码区	5489—1<9—7—61596284 8<032/52>9/29533—4974 2489<8—3024>82906—2 —47—6<7>2*—/>*>6

货物或应税劳务、服务名称	规格型号	单位	数量	单价	金　额	税率	税　额
电费		千瓦时	2 240	1.25	2 800.00	13%	364.00
合计					¥2 800.00		¥364.00
价税合计（大写）	人民币叁仟壹佰陆拾肆元整				（小写）¥3 164.00		

销售方	名　　称：长沙电力公司 纳税人识别号：91430100668573159H 地址、　电话：长沙市天心区白沙路 443 号　0731-85632421 开户行及账号：中国农业银行长沙天心区支行 6228482134589525685	备注	长沙电力公司 91430100668573159H 发票专用章

收款人：秦静　　复核：李一凡　　开票人：吴马　　销售方：（章）

第二联：发票联　购货单位记账凭证

表 17-2

委托银行收款凭证（付款通知）

委托日期　2023 年 10 月 21 日

汇款人	全　称	长沙中兴有限公司	收款人	全　称	长沙电力公司
	账　号	1102021357924680000		账　号	6228482134589525685
	开户银行	中国工商银行长沙远大路支行		开户银行	中国农业银行长沙天心区支行

金　额	人民币（大写）叁仟壹佰陆拾肆元整	万	千	百	十	万	千	百	十	元	角	分
						¥	3	1	6	4	0	0

结算原因	电费	合同号码	259687	附寄单证张数	1

会计分录 （　　） 对方科目（　） 会计　　出纳　　复核　　记账	上列款项已根据受款单位委托从你单位账户付出。 中国工商银行远大路支行 2023.10.2 业务章 （付款单位开户银行盖章）

此联是付款单位开户银行给付款单位的付款通知

表 17-3

长沙中兴有限公司费用分配表

2023 年 10 月 21 日

分配对象	分配标准	分配率	分摊额
生产车间			
行政管理部门			
销售部			
合计			

会计：　　　　　　　　复核：　　　　　　　　制表：

表 18-1

中国工商银行 网上银行电子回单

打印日期：2023 年 10 月 28 日

付款人	户名	湖南光大贸易公司	收款人	户名	长沙中兴有限公司
	账号	1102024365871234557		账号	1102021357924680000
	开户行	中国工商银行长沙芙蓉支行		开户行	中国工商银行长沙远大路支行
金额（大写）		人民币玖万零肆佰元整	金额（小写）		¥90 400.00
结算方式		网银业务	业务种类		货款
交易流水号		361562325875468	时间戳		2023-10-28 11:13:42
中国工商银行 电子回单专用章		打印柜员：32298623921 打印机构：中国工商银行长沙远大路支行			

表 19-1

湖南增值税专用发票

全国统一发票监制 国家税务总局监制

发票联

430546875489　　　　No 00369857

开票日期：2023 年 10 月 28 日

购买方	名　　称：长沙中兴有限公司 纳税人识别号：914301113294757496 地址、　电话：长沙市远大一路 96 号、0731-84846158 开户行及账号：中国工商银行长沙远大路支行 1102021357924680000	密码区	6894—1<9—7—61596284 8<032/52>9/29533—4974 2489<8—3024>82906—2 —47—6<7>2*—/>*>6

货物或应税劳务、服务名称	规格型号	单位	数量	单价	金　额	税率	税　额
广告宣传费		次	1	943.40	943.40	6%	56.60
合计					¥943.40		¥56.60
价税合计（大写）	人民币壹仟元整				（小写）¥1 000.00		

销售方	名　　称：长沙黑白广告公司 纳税人识别号：914301006686687959 地址、　电话：长沙县板仓中路 83 号　0731-84764258 开户行及账号：中国工商银行星沙支行 1102023578945123235	备注	长沙黑白广告公司 914301006686687959 发票专用章

第二联：发票联　购货单位记账凭证

收款人：李娜　　复核：张凡　　开票人：龙马　　销货方：（章）

表 19-2

付款申请书

2023 年 10 月 28 日

<table>
<tr><td>用途及情况</td><td colspan="11">金额</td><td colspan="2">收款单位：长沙黑白广告公司</td></tr>
<tr><td rowspan="2">偿还货款</td><td>亿</td><td>千</td><td>百</td><td>十</td><td>万</td><td>千</td><td>百</td><td>十</td><td>元</td><td>角</td><td>分</td><td colspan="2">账号：1102023578945123235</td></tr>
<tr><td></td><td></td><td></td><td></td><td>¥</td><td>1</td><td>0</td><td>0</td><td>0</td><td>0</td><td>0</td><td colspan="2">开户行：中国工商银行星沙支行</td></tr>
<tr><td>金额（大写）合计</td><td colspan="11">人民币壹仟元整</td><td colspan="2">结算方式：网银转账</td></tr>
</table>

<table>
<tr><td rowspan="2">总经理</td><td rowspan="2">杨云天</td><td rowspan="2">财务部门</td><td>经理</td><td>李宽</td><td rowspan="2">业务部门</td><td>经理</td><td>邹宇</td></tr>
<tr><td>会计</td><td>赵玲</td><td>经办人</td><td>吴清</td></tr>
</table>

表 19-3

中国工商银行 网上银行电子回单

打印日期：2023 年 10 月 28 日

<table>
<tr><td rowspan="3">付款人</td><td>户名</td><td>长沙中兴有限公司</td><td rowspan="3">收款人</td><td>户名</td><td>长沙黑白广告公司</td></tr>
<tr><td>账号</td><td>1102021357924680000</td><td>账号</td><td>1102023578945123235</td></tr>
<tr><td>开户行</td><td>中国工商银行远大路支行</td><td>开户行</td><td>中国工商银行星沙支行</td></tr>
<tr><td colspan="2">金额（大写）</td><td>人民币壹仟元整</td><td colspan="2">金额（小写）</td><td>¥1 000.00</td></tr>
<tr><td colspan="2">结算方式</td><td>网银业务</td><td colspan="2">业务种类</td><td>广告费</td></tr>
<tr><td colspan="2">交易流水号</td><td>361562325877856</td><td colspan="2">时间戳</td><td>2021-10-28 11:05:02</td></tr>
<tr><td colspan="2">中国工商银行
电子回单
专用章</td><td colspan="4">打印柜员：32298623901
打印机构：中国工商银行远大路支行</td></tr>
</table>

表 20-1

工 资 费 用 分 配 表

年　　月　　日　　　　　　　　单位：元

部门名称			分配对象	分配标准	分配率	分摊金额
生产车间	生产工人	ST 产品	—			
		TM 产品	—			
		合计	60 900			60 900
	管理人员		11 920	—	—	11 920
管理部门			18 953	—	—	18 953
合计			91 773	—	—	91 773

会计：　　　　　　复核：　　　　　　制表：

表 21-1

固定资产折旧提取计算表

年　月　日

使用部门	固定资产类别	月初应计提折旧固定资产原值（元）	月折旧率	月折旧额（元）
生产车间	房屋及建筑物	800 000	0.2%	
	机器设备	224 000	0.5%	
管理部门	房屋及建筑物	840 000	0.2%	
	机器设备	72 000	0.5%	
出租	房屋及建筑物	120 000	0.5%	
合计		2 056 000		

表 22-1

中兴公司制造费用分配表

年　月　日　　　　金额单位：元

分配对象	分配标准	分配率	分摊额
合计			

审核：　　　　　　　　制表：

表 23-1

完工产品成本计算表

年　月　日

成本项目	产品名称： 产量：		产品名称： 产量：		合计
	总成本	单位成本	总成本	单位成本	
直接材料					
直接人工					
制造费用					
合计					

表 23-2

产 品 入 库 单

年　月　日　　　　第___号

<table>
<tr><th rowspan="2">编号</th><th rowspan="2">名称</th><th rowspan="2">规格</th><th rowspan="2">单位</th><th colspan="2">数量</th><th rowspan="2">单价</th><th rowspan="2">金额</th><th>备注</th></tr>
<tr><th>交库</th><th>实收</th><th></th></tr>
<tr><td></td><td></td><td></td><td></td><td></td><td></td><td></td><td></td><td></td></tr>
<tr><td></td><td></td><td></td><td></td><td></td><td></td><td></td><td></td><td></td></tr>
<tr><td></td><td></td><td></td><td></td><td></td><td></td><td></td><td></td><td></td></tr>
<tr><td></td><td></td><td></td><td></td><td></td><td></td><td></td><td></td><td></td></tr>
<tr><td>合计</td><td></td><td></td><td></td><td></td><td></td><td></td><td></td><td></td></tr>
</table>

二记账联

记账　　　　验收　　　　制表

表 24-1

主营业务成本计算表

年　月　日

<table>
<tr><th rowspan="3">产品成本</th><th rowspan="3">单位</th><th colspan="2" rowspan="2">月初结存</th><th colspan="2" rowspan="2">本月入库</th><th colspan="5">本月发出</th></tr>
<tr><th colspan="2">其他发出</th><th colspan="3">销售</th></tr>
<tr><th>数量</th><th>总成本</th><th>数量</th><th>总成本</th><th>数量</th><th>总成本</th><th>数量</th><th>加权平均单位成本</th><th>总成本</th></tr>
<tr><td></td><td></td><td></td><td></td><td></td><td></td><td></td><td></td><td></td><td></td><td></td></tr>
<tr><td></td><td></td><td></td><td></td><td></td><td></td><td></td><td></td><td></td><td></td><td></td></tr>
<tr><td></td><td></td><td></td><td></td><td></td><td></td><td></td><td></td><td></td><td></td><td></td></tr>
<tr><td></td><td></td><td></td><td></td><td></td><td></td><td></td><td></td><td></td><td></td><td></td></tr>
</table>

会计主管：　　　　复核：　　　　制表：

表 25-1

利息费用计算表

年　月　日

<table>
<tr><th>借款金额</th><th>月利率</th><th>借款利息</th></tr>
<tr><td></td><td></td><td></td></tr>
<tr><td></td><td></td><td></td></tr>
<tr><td colspan="2">合　计</td><td></td></tr>
</table>

表 26-1

关于财产清查结果的处理意见 财务部： 根据你部上报的 AKD 材料清查结果情况，经会议研究决定作损失处理。 总经理：杨云天 2023 年 10 月 31 日

表 27-1

结转利润前收支损益账户余额表

年　月　日

收入类科目		支出类科目	
项目	金额	项目	金额
主营业务收入		主营业务成本	
其他业务收入		税金及附加	
投资收益		其他业务成本	
营业外收入		销售费用	
		管理费用	
		财务费用	
		资产减值损失	
		营业外支出	
合　计		合计	

表 28-1

应交企业所得税计算表

年　月　日至　　年　月　日

项目	计税金额	适用税率	税额	备注
合　计				

实训五 ▶登账

长沙中兴有限公司的登账工作包括登记日记账、总分类账和明细分类账。

实训六 ▶对账和结账

一、对账

实务中，会计在登记完账簿后，为了保证账簿信息的真实性、完整性，应进行对账、财产清查及结账工作。同时，如果对账过程中发现错账，要及时更正错误。

本实训中，在登记完账簿后，应做好账证核对、账账核对，如果发现错误，请按正确的更正方法进行更正。由于条件所限，本实训不进行账实核对。

二、结账

核对完相关的账簿后，应对所有账簿进行结账。本实训中，因为只完成一个月的业务，因此只进行月结的操作。

实训七 ▶编制会计报表

编制长沙中兴有限公司的资产负债表和利润表。

一、编制资产负债表

本实训中，资产负债表按月编制，会计人员根据本期总分类账、明细分类账等编制资产负债表。

二、编制利润表

本实训中，利润表按月编制，会计人员根据本期总分类账和明细分类账等编制利润表。

实训八 ▶装订

月末，在完成所有的账务处理、账簿登记及报表编制后，会计应将各种凭证、账簿和报表整理好，装订成册。

整理会计凭证

一、记账凭证的装订

会计在完成前述业务后，应将10月份所有会计凭证整理好，用大夹子夹住，再将凭证封面、封底和包角附上，按凭证装订要求装订成册。装订完成后规范填写凭证封面，标明账册信息。

装订会计凭证

二、会计账簿的装订

实务中，明细账一般为活页式，在年末应进行账簿装订。

三、会计报表的装订

本实训的报表装订，应按先资产负债表后利润表的排列顺序进行装订。再附上封面封底，规范填写报表封面信息，将所有资料整理好。

实训报告

基础会计综合实训报告

一、实训时间

二、实训地点

三、实训内容

四、实训心得

五、实训意见及建议

实训考核

<table>
<tr><th colspan="2">考核项目</th><th>分值</th><th>考核内容及评分标准</th><th>自评</th><th>互评</th></tr>
<tr><td colspan="2">实训态度</td><td>10 分</td><td>实训认真、服从老师统一安排，独立完成实训
好 8～10 分；一般 4～7 分；差 1～3 分；抄袭 0 分</td><td></td><td></td></tr>
<tr><td colspan="2">实训纪律</td><td>10 分</td><td>不迟到、不早退、不无故旷课，遵守实训纪律
好 8～10 分；一般 4～7 分；差 1～3 分；缺席 0 分</td><td></td><td></td></tr>
<tr><td rowspan="3">实训作品</td><td>正确性</td><td>50 分</td><td>各项目填写完整、数字准确
好 36～50 分；一般 16～35 分；差 1～15 分</td><td></td><td></td></tr>
<tr><td>及时性</td><td>10 分</td><td>根据实训时间安排，及时完成实训任务
好 8～10 分；一般 4～7 分；差 1～3 分</td><td></td><td></td></tr>
<tr><td>规范性</td><td>10 分</td><td>书写整齐、清楚、规范，不乱涂乱改
好 8～10 分；一般 4～7 分；差 1～3 分</td><td></td><td></td></tr>
<tr><td colspan="2">实训报告</td><td>10 分</td><td>总结深刻、全面、字迹工整
好 8～10 分；一般 4～7 分；差 1～3 分</td><td></td><td></td></tr>
<tr><td colspan="2">总分</td><td>100 分</td><td></td><td></td><td></td></tr>
<tr><td colspan="2">教师评价</td><td colspan="4"></td></tr>
</table>